Ligação ETERNA

Ligação ETERNA

psicografia de
VANIR MATTOS TORRES

pelo espírito
MARCO ANTONIO

LÚMEN
EDITORIAL

Ligação Eterna
pelo espírito *Marco Antonio*
psicografia de *Vanir Mattos Torres*

1ª edição - junho de 2011

Direção editorial: *Celso Maiellari*
Assistente editorial: *Fernanda Rizzo Sanchez*
Revisão: *Alessandra Miranda de Sá*
Capa e Projeto Gráfico: *SGuerra Design*
Impressão e acabamento: *Gráfica Sumago*

Dados Internacionais de Catalogação na Publicação (CIP)
(Câmara Brasileira do Livro, SP, Brasil)

Marco Antonio (Espírito).
Ligação eterna / pelo espírito Marco Antonio ; psicografado por Vanir Mattos Torres. -- São Paulo : Lúmen, 2011.

ISBN 978-85-7813-046-6

1. Espiritismo 2. Psicografia 3. Romance espírita I. Torres, Vanir Mattos. II. Título.

11-04724 CDD-133.9

Índice para catálogo sistemático:
1. Romance espírita : Espiritismo 133.9

LÚMEN EDITORIAL

Rua Javari, 668
São Paulo — SP
CEP 03112-100
Tel./Fax: (0xx11) 3207-1353

visite nosso site: www.lumeneditorial.com.br
fale com a Lúmen: atendimento@lumeneditorial.com.br
departamento de vendas: comercial@lumeneditorial.com.br
contato editorial: editorial@lumeneditorial.com.br
siga-nos no Twitter: @lumeneditorial

2011

Impresso no Brasil — Printed in Brazil

Às vezes, o destino nos coloca diante de pessoas e situações às quais passamos a vida toda compartilhando, dividindo nossos dias, crescendo espiritualmente e nos desviando por cursos nada navegáveis. Assim foi minha vida.

A ganância, o orgulho, a estupidez não me fizeram enxergar o amor de minha vida, e quando o fiz já era tarde demais...

Tive a sorte de, ainda encarnado, realizar alguns consertos, redimir-me perante Deus e meus filhos.

Amei Bárbara, ainda a amo e vou amá-la eternamente!

Se fui correspondido? Hoje sei que sim.

Espero que ela me perdoe e que um dia eu ainda toque o seu coração para que possamos viver um amor pleno, amadurecido, despojado de qualquer interesse que não seja o verdadeiro sentimento!

Hoje sei que o nosso encontro, nossa ligação, não foi um acaso. Preparo-me espiritualmente para que, quando reencontrá-la, nossa ligação seja eterna!

Marco Antonio

Sumário

1 | Um pedido

Não sei por quem sou chamado. Olho em volta e não vejo ninguém. A noite sombria a muitos espanta, mas a mim, que gosto da escuridão, é como se fosse noite de lua cheia, clareando todos os caminhos.

Não quero ninguém para conversar. Não quero nem conversar comigo mesmo. Quando os pensamentos aparecem, eu os afugento. São fantasmas que não quero na minha solidão.

Meu paletó roto dava a impressão de que estava largado na rua.

Meus passos incertos assustavam quem por mim passava.

Por que não meditei e escolhi as palavras certas na hora de me desculpar? Minhas palavras eram frias, eu justificava meus erros e sempre culpava alguém...

Sentei-me à beira da calçada e, mesmo sem desejar, pensei em como era minha vida antes.

Um banqueiro abastado, que pensava ser o único habitante da Terra.

Não construí um lar, mas sim um castelo com masmorra e tudo. Minha bengala com cabeçote dourado era apoio não para as minhas pernas, mas para a figura altiva que eu queria parecer.

Viera de uma família muito pobre. Meu pai, artesão, não havia ganhado o suficiente para prover o sustento de sua família.

Ainda pequeno, eu fazia biscates e já conhecia um mundo cheio de artimanhas, dando adeus à inocência.

O dinheiro que eu conseguia, não dava em casa, emprestava-o a juros altos. E coitado de quem não pagasse! Continuei meus estudos a duras penas. Sapato furado na sola, que, em dias de chuva, virava dois tanquinhos. Eu não me importava, queria ser alguém importante. Livros embaixo do braço e talão de contas daqueles que me deviam e o quanto já ganhara. Não gastava um centavo, e assim fui juntando minhas economias.

Já rapaz, agora formado, começava a usufruir tudo quanto juntara. Numa cidade pequena, onde só havia um Banco, fui eu logo indicado para assumir a direção de tudo.

Portanto, em ordens, eu era o senhor absoluto. Fui comprando ações e em pouco tempo, com minha esperteza, fiz minha fortuna. Comprei um castelo havia muito cobiçado por mim. Mobiliei-o com esmero, mas mantinha-o fechado. Consegui a fortuna que sonhara, mas faltava o principal: uma mulher que me desse muitos filhos. Ela teria de ser especial, de família nobre e abastada, que não ambicionasse o meu dinheiro. Assim começou minha história: eu frequentava lugares chiques, restaurantes finos, sempre sozinho.

Até que, um dia, fiquei observando uma linda moça que estava na mesa ao lado da minha.

Os cabelos cacheados, que lhe caíam sobre os ombros, sua pele alva e a boca vermelha davam-lhe ares de uma boneca. Sua expressão triste me intrigava, mas eu não tinha coragem de lhe falar.

Ela torcia suas delicadas mãozinhas, como se estivesse muito aflita. De vez em quando, ingeria algo, mas parecia não ter vontade de fazê-lo. Não me contive.

– Por favor, a senhorita me daria licença de sentar-me à sua mesa? – perguntei já de pé ao seu lado. Ela me olhou surpresa. Acho que nem havia percebido que tinha mais alguém ali.

Galantemente, puxei a cadeira e sentei-me ao seu lado.

– Estava a observando havia tempo. Por que tão linda criatura tem o olhar tão triste? Posso ajudá-la?

Ela começou a chorar e enxugou as lágrimas em um lencinho cor-de-rosa todo rendado. Aquele lenço compunha sua figura, era tudo tão angelical...

Fui tomado de amor imediato. Era o contraste do meu dia a dia.

– Não posso envolvê-lo em meus problemas. É para mim um desconhecido! São problemas de família... Com meu pai, para ser mais exata!

E, assim dizendo, voltou a se desmanchar em lágrimas. Eu estava meio confuso. Não sabia se me levantava e a deixava com seus lamentos ou se tentava ajudá-la, já prevendo o agradecimento.

– Quer sair daqui? – perguntei. – Vamos caminhar um pouco e, quando você estiver mais calma, poderá me contar o que se passa!

Paguei a minha conta e a dela. Ela não se fez de rogada, ao contrário, parecia aliviada. Segurei sua cadeira e esperei que se levantasse. Dei o braço a ela e saímos do restaurante como se fôssemos um casal enamorado.

– É casada? – questionei. – Não quero um duelo para disputar tão linda figura! – Ela começou a rir descontraída e guardou o lencinho na bolsa.

– Não tenho compromisso com ninguém. Sou professora de piano, vivo envolvida com a música e os acordes desafinados de meus alunos. Moro com meus pais a um quarteirão daqui, em uma casa de dois andares que ladeia toda a esquina.

– Desculpe a minha insistência! – eu disse. – Mas por que chorava? Com certeza seu pai está acamado! Disse-me ser ele o motivo. Conheço um renomado doutor, perito em curas, que é bem-conceituado! Posso agora mesmo tentar encontrá-lo e levá-lo até sua casa!

Achei que o pai dela devia estar muito mal, pois, logo que acabei de falar, ela voltou a chorar, fazendo de novo surgir de sua bolsa o já conhecido lencinho.

– Desculpe, não posso me controlar – respondeu. Enxugando as lágrimas, que teimavam descer por seu rosto, continuou: – Não é caso de doença. Agradeço sua ajuda, mas ela não é necessária. Nem ao menos sei seu nome! Conversamos como se fôssemos amigos, porém, nem ao menos nos apresentamos. – E, com um gesto delicado, estendeu a mão enluvada em delicado tecido e se apresentou: – Meu nome é Bárbara. Foi escolha de minha mãe, por ser devota da santa.

– Bárbara de quê? – perguntei interessado.

– Simplesmente Bárbara – redarguiu com sorriso nos lábios. – Mas me diga o seu nome, ou não posso sabê-lo?

– Marco Antonio. Da família Albuquerque.

– Já podemos nos considerar conhecidos – ela respondeu, puxando delicadamente sua mão, que eu teimava em reter presa a minha.

Não seria de bom-tom eu tornar a perguntar seu sobrenome, então deixei isso para depois. Agora, estava interessado em marcar um encontro com ela e não com brasões. Caminhamos até o portão de sua casa. Era uma mansão imponente. Decerto, morava ali uma família abastada. Despedi-me sem mais delongas, pedindo permissão para encontrá-la na tarde do dia seguinte, no mesmo restaurante.

– Vou esperá-lo às cinco horas. Antes não me será possível, pois tenho alunos marcados.

Assim, despediu-se com um breve aceno e eu fiquei ali parado, fascinado.

Era uma armadilha. O amor tecia sua teia. Fui embora cantarolando, coisa que havia muito não fazia. O seu perfume suave, suas mãozinhas delicadas, não saíam da minha mente. Já andando, até me esqueci do meu carro. Quando dei por mim, estava bastante afastado. Chamei um carro de aluguel e voltei ao restaurante. O porteiro me recebeu já com o molho de chaves na mão. Ele vira quando saíra com a mocinha, e, decerto, esperava por minha volta. Eu era um freguês habitual. Fui para casa fazendo mil planos, pensava até em casamento, mas, quando me lembrei do choro dela, fiquei preocupado e pensei: "O que estará acontecendo?".

No dia seguinte, a primeira providência seria enviar um buquê de rosas a ela. Dessa forma, fui à floricultura bem cedo. Tinha de ser eu mesmo a escolhê-lo. Deveria ter cor suave, para combinar com tão linda figura.

Pedi que fizessem um buquê de rosas pálidas, alternando com algumas de tom mais acentuado.

– Duas dúzias! – pedi ao rapaz. Não poderia ser um simples buquê, queria que fosse adornado com laços de cetim da mesma cor das flores. Escrevi um cartão um pouco formal para não assustá-la e fui trabalhar mais aliviado por já ter cumprido a primeira missão do dia.

Foi um dos dias mais atarefados no Banco. Parecia que todos os problemas tinham resolvido acontecer. As horas passavam rápidas e eu já pensava que não poderia ir ao encontro.

Um industrial bem-conceituado perdera toda a sua fortuna. O Banco estava cheio de letras vencidas e até o prazo da hipoteca da casa estava terminando.

Aquele era o último dia do prazo. Eu não poderia me ausentar antes de acabar o expediente. Teria de ficar esperando-o, pois, caso viesse saldar sua dívida, só poderia resolver o assunto comigo.

O mau humor tomou conta de mim, as horas passavam rapidamente, e nada de o tal homem aparecer. Eu tinha vontade de largar tudo e ir ao encontro de minha amada. Fiquei até o fim do expediente e o homem não apareceu.

Dei ordem para que todas as providências fossem tomadas a fim de que a dívida fosse liquidada.

Peguei meu chapéu e a bengala e fui ver se ainda a encontrava. Entrei esbaforido no restaurante e nada de minha amada. Como sabia seu endereço, fui até lá temendo a audácia.

Fiquei espreitando do outro lado da calçada, mas nada! A casa silenciosa parecia até não ter moradores.

Algumas pessoas passavam e me olhavam, pois meu comportamento era suspeito. Desisti e fui embora, já não cantava e esqueci toda a ventura do dia anterior.

Os dias se arrastaram... não vi mais a mocinha. Bárbara... Como eu precisava encontrá-la!

Tomei coragem e mandei um mensageiro a sua casa, marcando novo encontro. Era um sábado, não poderia haver erro. Pedi ao mensageiro que esperasse a confirmação do encontro.

Rapidamente, recebi a resposta, escrita em um cartão perfumado, de letras graciosas, indicando bem quem era a dona:

Encontro-me adoentada. Agradeço as flores mandadas e espero vê-lo em breve. Atenciosamente, Bárbara.

Poucas palavras... nem uma permissão para ir até sua casa. Nem uma indicação de que poderia esperá-la no portão.

Com certeza, a magia passara e ela não queria mais me encontrar.

Fiquei amuado. Mergulhei nos negócios. Marquei logo o encontro do industrial em meu gabinete para executar a dívida.

A saudade e a impotência que eu sentia, por não poder fazer mais nada, tornavam-me mais áspero, ganancioso e malévolo.

Não quis entender as razões de falência daquele homem. Não me interessava ajudá-lo. Seus bens, por dívidas não pagas, interessavam ao Banco. Tolo fora ele, que deixara a situação chegar a tal ponto. Eu não me sentia culpado. Era um fato acertado o que aconteceria se o prazo expirasse.

Fiquei esperando-o, já prevendo a amolação. Sabia que ele pediria mais tempo, que, com certeza, não iria ajudá-lo em nada.

O relógio da parede batia doze horas. Era um carrilhão e o som ecoava ao longe. Alguém bateu levemente à porta. Logo entrou quem eu estava esperando. Não vinha só, tinha uma mulher o acompanhando.

Eu estava absorto nas minhas escritas e custou-me levantar a cabeça.

– Sente-se! – disse rispidamente. Dele, nada mais teria como cliente, então não precisava bajulá-lo como antes.

O perfume... meu Deus! Até naquela hora, Bárbara não saía de meu pensamento. Seu cheiro estava no ar. Eu estava ficando desequilibrado e preocupado.

– Vamos ao que interessa! – disse ao homem, levantando a cabeça e o olhando. E qual não foi minha surpresa? Bárbara estava sentada ali, na minha frente!

– Vocês se conhecem? – perguntei de pronto. – Ou se encontraram na antessala e meu secretário não teve o bom-senso de fazer entrar um de cada vez?

Dizendo isso, levantei-me e caminhei em sua direção, diante do olhar admirado daquele senhor. Antes que eu chegasse até ela, fui surpreendido.

– Meu pai! – disse-me, apontando para o senhor que estava ao seu lado.

Eu voltei imediatamente à cadeira, precisava me sentar. O baque fora muito forte, minhas pernas estavam bambas.

– Não sei o que dizer! – exclamei. – Sabia que me encontraria aqui? Não me lembro de ter mencionado meus afazeres.

– Vim acompanhar meu pai no que seria para ele o dia mais triste de sua vida. Não me importo com fortuna, não quero que nenhum mal lhe aconteça, mas não sabia que o encontraria aqui. Não mencionei seu nome em minha casa, então fomos surpreendidos, nós dois!

O pai a tudo escutava como mero espectador. Devia estar se perguntando onde sua filha havia me encontrado.

Ela estava maravilhosa! Eu não queria mais pensar em dívida. Queria mesmo era sair dali com ela. Esquecer tudo aquilo.

O homem pigarreou, como se dissesse: "Estou aqui presente!".

Despertei do meu devaneio e, sem cumprimentá-los, peguei a papelada. Em toda a minha vida nunca tinha vivido situação igual. Estava nervoso, sem saber por onde começar.

– Poderíamos deixar isso para outro dia! – disse. – Quem sabe um prazo de mais trinta dias... E o senhor não consegue saldar a dívida?

O homem se desfez em agradecimentos. O mesmo aconteceu com sua filha, que estava com os olhos marejados e esticou a mãozinha enluvada, dizendo que me esperaria no restaurante por nós conhecido.

Levei-os até a porta e voltei aliviado. Como poderia liquidar aquele homem diante de sua filha tão cobiçada por mim? Era tudo uma loucura!

O que diria a ela, que não executaria a dívida do pai?

Não poderia deixar de fazê-lo, mas, se o fizesse, com certeza ela me odiaria.

Temia que, ao encontrá-la, esse fosse seu primeiro pedido. Será que ela já estaria me esperando ou o encontro seria às cinco horas, como na vez anterior? Mas isso tinha pouca importância. Teria de ir almoçar e, se ela estivesse lá, iria encontrá-la.

Peguei meu chapéu e minha bengala, dei as ordens necessárias, bloqueei por trinta dias o que executariam e fui até o restaurante.

Não tinha certeza de que iria encontrá-la, mas, assim que entrei, lá estava ela, sentada como da outra vez, só que agora com um sorriso nos lábios. Entreguei meus apetrechos ao garçom e sentei-me ao seu lado.

– Está mais linda do que nunca! – falei para aliviar o ambiente, apesar de ser a pura verdade. Ela era a formosura plena. Estava toda vestida de amarelo, o que fazia com que seus cabelos sobressaíssem ainda mais.

– É muito gentil! – disse ela. – Meu pai ficou surpreso por nos conhecermos.

Pensei: "Surpreso fiquei eu. Ia descarregar naquele homem toda a minha raiva do momento e eis que era seu pai".

– É um bom homem. Pena que não conseguiu se equilibrar nos negócios... mas não vamos falar sobre isso. Esperei tanto este momento que não quero falar de coisas aborrecedoras.

Ela mudou de expressão. Eu havia acabado de fazer uma bobagem. Já percebera o quanto era apegada ao pai... Teria de ter mais cuidado... Disfarcei e perguntei se já havia feito seu pedido. Ela negou com a cabeça.

– Não quero vê-la infeliz – afirmei. – Este lugar se torna triste sem a sua alegria.

Ela deu um sorriso amarelo e fez a escolha. Almoçamos quase em silêncio. Palavras erradas como ainda havia pouco eu dissera poderiam pôr fim ao já tão conturbado relacionamento. Eu a olhava e me enternecia. Era a moça que eu queria me acompanhando por toda a vida.

– Quer casar comigo? – questionei de estalo.

Ela se engasgou com a comida e tive de ajudá-la, dando-lhe tapinhas nas costas.

– Engasgou-se com meu pedido? – perguntei. – É verdadeiro... Se quiser, sairemos agora daqui e iremos até seu pai, lá formalizarei o pedido.

Ela me olhava sem resposta. Suas faces estavam rubras, de novo tinha cometido uma burrada.

– Declino meu pedido – continuei. – Só estava querendo lhe provar meu apreço.

Ela deu um apagado sorriso, deixando-me sem graça.

Acabamos nossa refeição e eu sugeri a sobremesa, que ela recusou dizendo-se indisposta. Convidei-a para sair dali e caminhar até o parque, que era na direção contrária à de sua casa. Ela aceitou. Acho que já estava esperando o convite. Dei-lhe o braço como da outra vez e saímos de novo, como dois enamorados.

Na verdade, não era o que se passava, eu não estava caminhando bem naquela relação. O que poderia fazer para ter sua confiança?

– Dei a seu pai um prazo, espero que ele consiga o dinheiro. Infelizmente, não posso agir de outra forma. Gostaria, mas pouco posso fazer para ajudá-lo.

Ela começou a chorar, retirando de novo o lencinho da bolsa. Esse era todo bordado e amarelo como sua roupa.

– Como aconteceu? – perguntei. – Seu pai é tão conceituado... a fortuna de seus antepassados, como conseguiu dilapidá-la?

– Não sei o que aconteceu de fato, mas ele viajava muito, eram viagens demoradas, os negócios ficavam entregues aos seus subordinados que, às vezes, acabavam por se mostrar não tão dignos de confiança.

Eu sabia que não era verdade; a jogatina tinha entrado nas veias daquele homem, que vivia em cabarés, cheio de mulheres ao seu lado. Diziam ser um mão-aberta. Aos amigos, ele nada negava. Perdera muito dinheiro no jogo e, no afã de consegui-lo de volta, continuara perdendo mais. Fora fazendo empréstimos, e, como era bem-conceituado, não fora difícil consegui-los, porém perdera também esse dinheiro e até a casa, que estava hipotecada.

Viagens ao certo não existiam. Passava as noites com mulheres famosas, donas de conhecidos antros de diversão. Eu não poderia dizer isso à coitada da Bárbara. Não seria justo manchar ainda mais o nome daquela família. Isso, o pai se encarregara de fazer, não precisara de ajuda para se arruinar.

Olhei seus tristes olhos e me apiedei. Eu tinha bastante dinheiro, a dívida daquele homem para mim era migalha. Então, a solução para o caso veio rapidamente.

– Bárbara, fiz-lhe um convite e torno a fazê-lo. Não me tenha como desrespeitoso pelo momento que atravessa. Sei que nos conhecemos há pouco tempo, mas já deu para perceber suas virtudes. É boa filha, moça de respeito... É de uma família digna e, apesar de seu pai estar atravessando uma fase difícil, você é a moça que eu estava procurando para constituir uma família.

Ela me olhou espantada, como se dissesse não estar entendendo nada. Há pouco estava com seu pai em meu gabinete, e agora a pedia em casamento!

– Não é o momento propício – afirmou, ainda com o lencinho a enxugar os olhos. – Também tenho pelo senhor grande apreço, mas o momento não é para pensar em meus sentimentos e sim no que meus pais estão passando.

– Com o casamento, tudo ficaria resolvido – disse, temendo ser mal interpretado. Não poderia deixar o pai de minha noiva arruinado. – Posso fazer o empréstimo suficiente para que ele liquide a dívida com o Banco.

– Faria isso? – perguntou, já com o rosto iluminado. – Por que motivo o faria? Porque quer se casar comigo? Estou me sentindo uma mercadoria... trocada em favor da dívida!

De imediato, tomei sua mão e levei-a aos lábios, dizendo:

– Mesmo sem saber quem era seu pai, sabia que você era a mulher da minha vida! Desde que a conheci não tem um segundo que não esteja em meu pensamento. Foi um amor-relâmpago, que eu esperava havia muito tempo. Tenho a casa mobiliada... Todos os aparatos necessários, só faltava a dona de tudo isso.

– Não sei o que responder. Dê-me tempo necessário para pôr meus pensamentos em ordem. Esses dias foram tão atribulados... mas seu pedido me encanta... Pode ter certeza de que é correspondido no que diz sentir por mim. Mas o momento é delicado, terei de falar com meus pais. Amanhã vá a nossa casa. Às quatro horas! Vou esperá-lo no portão. Agora tenho de ir. Minha mãe deve estar preocupada pelo adiantado da hora.

Fiz menção de acompanhá-la, mas ela recusou. Foi embora sem nem um sorriso.

Tinha certeza de que aceitaria meu pedido. O momento não lhe daria alternativa. Eu sabia que estava sendo um safado, aproveitando-me da fraqueza daquele homem para casar com sua filha. Mas o que interessava era seu sobrenome. Já não precisava ser uma família abastada, além do que, ela era linda!

Estava juntando o útil ao agradável. Decerto, iria a sua casa, era isso que eu estava esperando. Tinha certeza de que seria bem tratado e meu pedido, aceito.

Aconteceu como previ. No dia seguinte, ela me esperava no portão e, assim que me viu, deu aquele sorriso amarelo que eu já conhecia.

Entreguei-lhe a camélia que lhe levara e fui entrando em sua casa. A mansão era belíssima! De relance, vi na parede a marca deixada por quadros pendurados havia tempos. Deviam ter sido vendidos para saldar outras dívidas... de jogo, com certeza. Objetos valiosos não mais existiam, mas, pela arquitetura da casa e por ter pertencido a gerações passadas, com certeza devia ter sido guardiã de tesouros infindáveis.

Entreguei a Bárbara minha bengala, meu chapéu, e me acomodei no lugar indicado por ela. Era um sofá de veludo já gasto, com belíssimos detalhes em dourado. Vários tipos de tapete ornamentavam a sala. O chão de piso português indicava o quanto antiga era a residência.

Lustres, candelabros... Esses ainda mantinham sua imponência, dando um ar austero à casa.

Escutei passos e vi que o casal descia a escada. O homem garboso dava o braço à senhora, que, pela cútis delicada e semblante suave, não negava ser mãe de minha Bárbara. Levantei-me, esperando que chegassem até mim. Cumprimentei o senhor e fui apresentado a sua esposa.

– Deve estar estranhando minha presença em sua casa, ou Bárbara já lhe adiantou o motivo a que vim?

Bárbara me olhou espantada e sentou-se, esfregando as mãos, o que indicava estar nervosa.

Eu era bem mais velho que ela. Minha posição e minha vestimenta me davam alguns anos a menos, mas eu devia ter o dobro da idade dela; porém, isso não me importava e, pela situação deles, seria difícil recusarem meu pedido. Pigarreei e continuei o assunto. Eu sempre fui assim: direto no que queria. Não era homem de rodeios.

– Quero me casar com sua filha. Venho hoje, a convite de Bárbara, oficializar o pedido.

Sua mãe, que estava de pé, imediatamente se sentou. Seu pai, com as mãos colocadas para trás, saiu de sua pose e começou a enrolar os bigodes.

– Bárbara me falou alguma coisa... – começou ele. – Disse conhecê-lo e que eram bons amigos. Mas daí a casamento... acho um pouco prematuro!

Eu devia ter a idade dele e devia ser exatamente isso que ele pensava naquele momento.

– Não quero interferir na vida de vocês – continuou ele, já interferindo. Parecia ter grande influência sobre Bárbara. – Casamento é coisa séria... laços para toda a vida. Devem se conhecer bem primeiro, estreitar os encontros entre as duas famílias... Saber das virtudes e dos defeitos um do outro... e isso só com o tempo. Não vamos nos precipitar. Peço ao senhor paciência para que minha palavra seja empenhada. Concedo-lhe a mão de Bárbara, mas em namoro. O tempo dirá qual será a duração até as bodas.

Dizendo isso, tornou-se taciturno. Pensei que ele estivesse me embromando. Decerto, não aceitaria meu pedido, mas não estava em condições de negá-lo, como eu previra.

Olhei para Bárbara querendo que ela se pronunciasse, porém não disse nada. O homem me ofereceu um cálice de vinho, tentando ser cortês.

Sua esposa me olhava tentando adivinhar meus pensamentos... seu olhar era uma interrogação. Mas, como Bárbara, manteve-se calada.

Eu não me sentia à vontade. Queria pressionar o pai dela. Fora àquela casa cheio de planos, inclusive com a data certa para o casamento. Sabia que teríamos de noivar, era de praxe. Bárbara era uma moça de família, caso contrário, seria malfalada por casamento apressado.

Eu pensava em noivar enquanto os preparativos para o casamento fossem acontecendo, mas aquele homem, com suas palavras de namoro, jogara um balde de água fria em meus planos.

Coloquei o cálice na mesa, dizendo ter compromisso importante. Despedi-me sem mais delongas e caminhei em direção à porta.

Bárbara se levantou e correu na minha frente, abrindo a porta para que eu passasse. Não fez menção de me acompanhar à rua. Despedi-me dela beijando-lhe a mão e dizendo voltar no mesmo horário para firmarmos o namoro.

2 | O piano

No dia seguinte, lá estava eu. Fui conduzido até a sala por uma empregada que pediu que eu esperasse, pois a menina estava se aprontando. Ela me indicou a poltrona e eu fiquei esperando-a. Por certo, seus pais não estariam em casa, senão teria sido recebido por eles. O sino da igreja tocou as badaladas, indicando que eu me adiantara.

Bárbara apareceu linda como sempre. Agora estava vestida com roupas de cor azul. Parecia um pedacinho de céu, seus cabelos estavam bem-arrumados... mostrava que se esmerara para o nosso encontro.

Levantei-me e fui esperá-la à beira da escada. Sentia-me um adolescente. Ela deu um sorriso e se desculpou pela demora.

– Valeu a pena – murmurei. – Está maravilhosa! Creio que fui afoito e me adiantei no horário.

Ela se acomodou e eu me sentei ao seu lado. Seu vestido rodado, de seda, não me dava muita chance de ficar perto. Ele fazia uma muralha de seda entre nós dois e eu não podia ser ousado a ponto de tocar seu vestido para ficar mais junto dela.

Permanecemos ali, olhando um para o outro, sem as palavras certas para o momento.

Antes do encontro no Banco, parecia sermos velhos conhecidos. Começara até a ser seu confidente, mas a situação mudara. Eu era o carrasco de seu pai, dono daquela situação pela qual ela vertera tantas lágrimas...

– Concede-me um passeio? – perguntei quebrando o silêncio.

– Não posso me ausentar, estou tomando conta da casa e tenho dois alunos que estão prestes a chegar. Não pude desmarcar as aulas, não tive como avisá-los.

– Não tem importância! – exclamei sem ser verdadeiro. – Gostaria muito de vê-la tocar, nem que seja ensinando seus alunos.

– Venha! – pediu-me, esticando a mão. – Vamos passar para a outra sala.

Acompanhei-a com o coração disparado. O contato com sua mão parecia uma corrente elétrica que desencadeava algo em meu peito.

Segui-a e fomos até a sala de música. O piano solene estava no canto da sala, no local havia cadeiras altas e aveludadas, já marcadas pelo tempo, e alguns quadros que faziam daquela sala um ambiente agradável.

Ela me indicou uma cadeira perto do piano e, com a delicadeza de sempre e gestos impressionáveis, começou a tocar.

A melodia ecoou pela sala e transpassou, invadindo todos os ambientes.

Ela tocava magnificamente! Nascera para tocar! Era a própria música!

Fiquei ali, enlevado, já antecipando o que teria de fazer. Compraria um belo piano e colocaria na casa em que futuramente moraríamos.

Eu estava orgulhoso de mim mesmo, conseguiria o que queria: uma moça de família, com sobrenome à altura do meu dinheiro. Aplaudi freneticamente o término da canção. Ela agradeceu com um sorriso e continuou... agora, com uma música triste, que penetrava na alma. Parecia que o piano chorava por meio daqueles acordes. Não sei se ela queria me dizer algo com a música ou se era o sentimento que ela sentia. Não gostei da música, mas aplaudi assim mesmo. Não com o entusiasmo de antes, o que foi percebido por ela, que perguntou:

– Não apreciou a melodia? É Chopin. Foi uma das primeiras que aprendi. Quando a toco, coloco todo o meu sentimento. É apaixonante!

Não quis ser ignorante e dizer que não gostara da música, que era tão elogiada por ela... Teci elogios mil.

Fiquei meio sem graça por não saber de quem se tratava e fui logo mudando de assunto.

– Seus pais não estão? Foram viajar, suponho!

– Meu pai foi fazer alguns contatos, parentes afastados...

Assim dizendo, calou-se. O ambiente estava pesado, tinha certeza de que o que ela queria de verdade era me perguntar sobre a dívida.

– Quando chegam seus alunos? – falei para quebrar o silêncio.

– Não demoram... São irmãos... Já deviam estar chegando! – Foi só ela acabar de falar e a campainha soou.

Logo apareceram a empregada e os dois pimpolhos. Levantei-me para deixá-los à vontade.

– Pode ficar! – afirmou Bárbara graciosamente, indo em direção aos meninos, abraçando-os efusivamente.

– São apenas exercícios, eles estão começando. Se ficar entediado passe para a outra sala que Hemengarda poderá lhe servir um vinho ou um suco, o que preferir!

– Estou bem aqui!

Na verdade, queria estar ao lado dela, receber aquele abraço que ela dera nos meninos. Peguei uma revista que estava por perto e comecei a folheá-la.

O menino sardento sentou-se ao meu lado esticando os olhos, querendo ler a revista. O irmão estava tocando completamente desafinado. O menino tanto se esticou que acabou caindo em cima de mim.

Eu não tinha paciência com crianças. Se fossem minhas... arranjaria quem lhes cuidasse!

Peguei a revista toda amassada e, com raiva, entreguei a ele, dizendo:

– Não é isso que quer?

O menino me olhou assustado e negou com a cabeça. Pedi licença e fui para a sala ao lado, pois era demais aguentar aqueles acordes depois de um dia atarefado.

A empregada apareceu e pedi um suco. Fiquei ali sozinho, pensando no que faria para que aquela situação não se repetisse.

Bárbara certamente precisava do dinheiro das aulas, mas, como minha noiva, não precisaria mais trabalhar. Minha noiva... esquecera que éramos apenas namorados, como dissera o pai dela.

Fiquei esperando-a um par de horas. Até tirei um cochilo. Quando abri os olhos seu pai estava diante de mim.

– Desculpe. Não era minha intenção acordá-lo. Em nossa idade, às vezes, não se consegue controlar o sono, não é?

Aquele homem era desprezível! Na primeira oportunidade me atirara a idade na face.

– A melodia me fez dormir! – respondi bruscamente, levantando-me e cumprimentando-o, mesmo sem vontade. – Estava enlevado com tão formosa música e disperso em meus pensamentos, que me desliguei e o sono tomou conta de mim!

O homem deu um sorriso de lado como se entendesse a mensagem que lhe enviei.

– Vim para firmar o namoro, mas as aulas parecem intermináveis...

– Bárbara é assim. Independente da hora marcada, se o aluno não aprende a aula, ela não o deixa ir – disse ele.

Pensei: "Ótimo! Era só o que me faltava, ficar como um tolo fazendo sala para mim mesmo". Fiquei andando de um lado para o outro até que Bárbara apareceu trazendo os dois monstrinhos da música.

– Cansou de me esperar? – perguntou ela com as faces rosadas, acho que um pouco envergonhada pela demora.

– De maneira alguma! – respondi, fazendo cafuné em um dos garotos. Teria de agradá-los, ou melhor, suportá-los se quisesse cair nas graças dela.

Ela se despediu dos meninos e sentou-se, pedindo que a acompanhasse.

– Desculpe a demora! Mas eles ainda estão crus e já tenho um recital marcado.

Meu Deus! Como iria suportar tudo aquilo? Eu, acostumado a dar ordens, teria de me submeter às vontades daquela mocinha!

– Vamos até o parque? A brisa da tarde vai lhe fazer bem. Parece cansada!

– Aí está a resposta! Não quero desagradá-lo... mas estou realmente cansada. Obrigada pela sua compreensão. – E, assim falando, levantou-se, esticando a mão em cumprimento.

Levantei-me meio sem graça, respondi ao cumprimento e fui pegar meu chapéu e minha bengala.

– Quando tornaremos a nos ver? – perguntei sem entusiasmo.

– Amanhã será diferente. Não tenho aulas marcadas e poderemos nos encontrar no restaurante, às seis horas.

Fiquei aliviado. Minha fisionomia até mudou. Encontrá-la fora de casa era tudo o que eu queria. Recomeçar de onde havia parado, antes de conhecer seu pai.

– Vou esperá-la ansioso. Saudações aos seus pais.

Inclinei de leve o chapéu saudando-a respeitosamente.

Lá fora, respirei fundo; fora uma tarde entediante... dia pouco proveitoso... Não estava acostumado àquilo. Os dias passariam depressa e logo seu pai teria de ajustar as contas comigo. Com o Banco, na verdade... mas a última palavra era a minha. E eu não estava mais disposto a lhe dar de prazo nem mais um dia.

Fui para a casa amuado. Bárbara não saía de meu pensamento. Teria aquela mocinha como esposa a qualquer custo, nem que tivesse de pagar todas as dívidas do pai dela.

Foi exatamente o que aconteceu. No prazo por mim marcado, lá estava ele sentado à minha frente. Ele não possuía dinheiro para resgates. Ficou me olhando... passando a mão sobre a aba de seu chapéu, como se esperasse que eu me pronunciasse. Desta vez, viera sozinho. Eu havia pedido a Bárbara que não interferisse nas negociações de seu pai. Poderia deixá-lo sem graça, numa situação mais delicada. Agradeci intimamente por ela ter atendido o meu pedido. Era a hora crucial. Aquele homem a minha frente parecia um cordeiro esperando o sacrifício. Não era novidade para mim aquela situação, mas com o pai de minha pretendente era a primeira vez.

– Vamos aos negócios – disse a ele, com voz que não aceitaria argumento. – Como deve saber, sou homem abastado, vivo sozinho, meus gastos são irrisórios... como vamos ser parentes, não vejo por que deixá-lo se afundar em dívidas... inclusive, perdendo a casa, que também é morada de minha futura esposa.

Ele esboçou qualquer coisa que não pude entender. Começou a tossir como se estivesse engasgado, abanando-se com o chapéu.

Toquei a sineta e pedi que providenciassem um copo com água. Ele agradeceu e continuamos o assunto.

– Vou lhe falar sem rodeios. Como sabe, não tenho pouca idade. Tenho uma vida estruturada, uma mansão mobiliada, com empregados para todos os afazeres. Não posso me dar o luxo de ficar namorando, passando pelo noivado, até marcar a data do casamento! Saldarei sua dívida com o Banco e comemoraremos o feito com o noivado no próximo sábado! Será uma honra fazer parte de sua família!

O homem desarmou! Deixou cair os braços em cima do chapéu, amassando-o sem se dar conta.

– A honra será nossa em recebê-lo no próximo sábado para anunciar as bodas de minha filha. Decerto, já conversou com ela. Eu não poderia aceitar um pedido independente da vontade dela!

– Deixo a surpresa para o senhor. Tenho certeza de que Bárbara ficará encantada quando lhe falar da festa de sábado.

– Festa! Estamos no meio da semana, como poderei organizar uma festa em tão pouco tempo?

– Os gastos serão por minha conta! Encomende a bebida, faça os convites, que eu cuidarei do resto.

– E sobre a minha dívida com o Banco? – perguntou sem entusiasmo.

– Não há mais dívida. Depois do casamento, vou lhe entregar todos os documentos. Um mês será tempo suficiente para prepararmos o enlace.

Acabei de falar já me levantando, fazendo-o entender que nossa conversa havia terminado.

Ele se despediu e colocou o chapéu todo amassado, sem dar importância ao fato.

Quando fechei a porta, respirei aliviado. Fora custoso convencê-lo. Se ele encontrasse uma brecha, não faria acordo em tão pouco tempo.

Chamei um empregado, dei-lhe um cartão por mim subscrito, e mandei que comprasse as mais belas rosas que encontrasse e levasse à casa de minha noiva.

Ele me olhou espantado, pegou o cartão e saiu, sem entender nada! Todos os que me conheciam sabiam que eu era um solteirão convicto. De repente, aparecia noivo; era mesmo de estranhar. Eu era de poucas amizades. Não tinha tempo para ficar em roda de amigos nem para recebê-los em casa.

Vivia mergulhado no trabalho, pensando juntar fortuna. Dessa forma, nem senti o tempo passar. A idade só me pesou depois que conheci Bárbara. Mas ela era minha fórmula de rejuvenescimento. Quando pensava nela, sentia-me um garotão de vinte e poucos anos. Queria tê-la em meus braços... sentir seu perfume ao acordar, sentir seu cheiro impregnado nos lençóis...

O expediente terminou sem que eu me desse conta. Fui caminhar com destino certo. Sabia da existência de uma joalheria perto do meu trabalho e para lá me dirigi.

As portas já estavam sendo cerradas, mas com minha chegada tornaram a abri-las. Eu era muito conhecido. O Banco era passagem obrigatória dos habitantes daquela cidadezinha, era o único que existia. Entrei formulando meu pedido: um par de alianças que não me custasse muito e um anel de safira e brilhantes cujo valor não fosse poupado. Fui logo atendido.

O vendedor se desmanchava em gentilezas, mas nada me agradou... Assim, ele ficou de ir ao Banco no dia seguinte para levar-me as encomendas.

A aliança era simbólica, mas o anel refletiria meu amor... teria de ser magnífico! Teria de deixar Bárbara impressionada!

Fui para casa com o sentido do dever cumprido. Não dera falência àquele homem nem o deixara sem morada. Na verdade, não deixara Bárbara mergulhar num mar de infelicidade por seus pais perderem até o teto que os abrigava. Fui dormir; estava muito cansado. O dia seguinte seria atribulado. Teria de me encarregar da festa, sem esquecer o compromisso de namoro com Bárbara. Sábado a situação mudaria; como minha noiva, teria mais regalias.

O dia passou rapidamente como a noite, que fora maldormida.

Logo chegaram o joalheiro com suas peças e alguns encarregados da festa, que entravam e saíam de meu gabinete.

Eram flores que seriam a ornamentação da casa, o *bufett* que eu queria de primeira... minha roupa... telefonemas que não podiam deixar de ser atendidos... Adquiri um novo chapéu e mandei banhar o cabeçote de minha bengala. Isso tudo em pouco tempo. O tempo era precioso na minha idade.

À tardinha, fui à casa de Bárbara. A empregada veio me receber e pediu que eu esperasse. Bárbara já chegaria, fora com a mãe às compras. Fiquei ansioso. Será que seu pai já lhe dera a notícia? Com certeza o fizera! Se haviam ido às compras, era sinal de que a recepção estava em andamento.

Eu estava cansado, faminto, pois nem tivera tempo de me ausentar para o almoço. Minha barriga roncava, fiquei apreensivo de que alguém escutasse. A empregada de novo apareceu e me ofereceu um suco.

O calor era insuportável. Meu paletó e a camisa estavam úmidos. Aquele suco veio como um bálsamo! Não poderia me desvencilhar de meu paletó suado, ainda não tinha intimidade para tanto. Fiquei ali esperando por um par de tempo... e nada! A noite caíra e eu estava enjoado, não tinha me alimentado e isso fugia ao tratamento normal que meu organismo recebia. Eu estava inquieto. Hemengarda apareceu com novo suco. Agradeci e questionei-a sobre os patrões.

– Devem estar chegando. Meu patrão viajou, deve voltar no fim da semana. A negócios...

Ela falou e foi se afastando, batendo com a bandeja na perna.

Como podia ser! Aquele homem era louco! Firmáramos compromisso e ele parecia querer fazer-me de bobo! Estava transtornado com esses pensamentos quando escutei a porta abrir.

Era Bárbara que chegava com sua mãe. Veio em minha direção toda sorrisos.

– Esperou muito? – perguntou graciosamente.

– Um pouco... um pouco... – respondi, já me livrando dos pensamentos obscuros. – Seu pai viajou?

– Foi à casa de alguns parentes afastados para lhes levar o convite do noivado.

Eu levei um susto! Era o tratado. Era o que eu ansiava, mas aquelas palavras saindo da boca de Bárbara... senti um calafrio! Até porque ela falava normalmente. Fiquei mudo, estático. Depois de um breve tempo, sentei-me. Eu, que era arrojado nos negócios... e, agora, aquela mocinha, com poucas palavras, desarmava a armadura que havia em mim. Aos poucos, fui me reanimando e perguntei sem firmeza nas palavras:

– Aceitou o pedido? Vai querer se casar comigo?

– A resposta obtive de meu pai! Eu aceito o que é determinado por ele!

Havia tristeza em seus olhos, mas era delicada comigo.

Levantei-me, fui até ela tomando suas mãos e disse:

– Bárbara! Farei de você a mulher mais feliz do universo! Vou cobri-la de joias... Terá criado para todos os afazeres... Será minha princesa, a mulher da minha vida! A única mulher em minha vida! – Dito isso, tirei do bolso o anel encomendado e coloquei-o em seu dedo.

– Não quis esperar até a festa. As alianças formalizarão o pedido.

Ela agradeceu me beijando na face. Eu esperava mais, esperava que ela caísse em meus braços num doce beijo apaixonado. Mas me contive, estava tudo saindo da maneira por mim esperada. Bárbara seria minha, era tudo o que eu queria.

Sua mãe desaparecera, não ficara nem para me dar as boas-vindas. Decerto, as bodas não eram de seu agrado, mas isso com o tempo se ajeitaria. Iria lhe mandar alguns presentes e, certamente, seu coração amoleceria. O importante era eu estar de compromisso firmado. Sentei-me no sofá ao lado de minha amada e ficamos conversando sobre a festa.

3 | A festa

O sábado chegou. Era o grande dia da minha vida. Tudo saiu a contento. A casa, toda iluminada e florida, igualava-se à beleza de Bárbara.

Os convidados chegavam e nada de meu futuro sogro aparecer. Bárbara dava mil desculpas. Ele se atrasara por esperar os familiares.

Pediram uma sonata à minha noiva, que de pronto atendeu. Todos passaram para a sala de música e ficaram enlevados pelos acordes tirados por ela. As pessoas me cumprimentavam pela bela noiva e diziam que minha escolha fora acertada. Teria como esposa uma musa.

Eu agradecia envaidecido, era tudo o que eu queria na minha vida.

Bárbara acabou de tocar e agradeceu os aplausos que soaram freneticamente. Veio até onde eu estava e, segurando minha mão, perguntou se eu não gostaria de formular o pedido.

– Sem a presença de seu pai? Não seria de bom-tom. Pensariam que ele tem algum agravo de minha pessoa. Esperemos mais um pouco.

Ela se afastou dizendo ter de dar atenção aos convidados; mas observando-a percebi que foi ter com a mãe.

As duas confabulavam e Bárbara agitava as mãos, como se não concordasse com alguma coisa.

Eu não a conhecia muito... mas quando aquelas mãos falavam... algo não estava bem!

Com certeza, o homem não estando ali, não precisaria empenhar a tão fraca palavra.

Tomei uma decisão e fui buscar Bárbara. Quando cheguei por trás, ela, sem perceber que eu me aproximava, dizia para a mãe:

– Ele merece nosso respeito... se ainda estamos sob este teto, agradeçam a ele! Meu pai deveria estar aqui para cumprir sua palavra. O que Marco Antonio não vai pensar de nossa família? Que somos embusteiros... é injustificável a ausência de meu pai. Estou envergonhada.

– Bárbara! – chamei-a, tocando em seu braço. Ela levou um susto e ficou pálida. – Se preferir, deixamos o noivado para outra ocasião! Inventamos uma data festiva qualquer para termos motivos para comemorar.

– Você escutou o que eu estava falando com minha mãe?

Eu era um cavalheiro, nunca admitiria que escutara a conversa de duas damas.

– Estava distraído – disse. – Era alguma coisa importante?

Ela respirou aliviada, o mesmo não acontecendo com a mãe. Esta tinha certeza de que eu escutara tudo, pois estava na minha frente e nossos olhares se cruzaram, captando nossas expressões do momento.

Bárbara, já reagindo, mostrou a frágil moça que era.

– Se acha conveniente, trocaremos aliança outro dia, numa cerimônia mais simples – disse ela meio dengosa ou sem jeito.

Eu não sabia mais como agir.

– Vou me retirar – disse a ela. – Estou com a cabeça doendo e meio indisposto. Dê alguma desculpa aos convidados. Decerto, eles não estranharão, devem estar acostumados com desculpas mal formuladas.

E, sem esperar que me acompanhasse, fui buscar meus apetrechos. Quando me vi na rua, pus para fora toda a minha fúria, tocando com força minha bengala no chão.

Aquele homem não me conhecia... "Não cheguei a essa posição me fazendo de tolo ou deixando que me fizessem." Logo na segunda-feira largaria uma promissória. Mandaria um agente à sua casa, e ele teria de dispor de algo para cobri-la. "Veremos se ainda se manterá escondido, como um rato do gato."

Fui caminhar. A noite estrelada diferenciava-se de meus sentimentos. Dera tudo errado! O que seria uma noite maravilhosa tornara-se uma catástrofe! Voltei e peguei meu carro. Não queria ir para casa. Procurei um bar, onde afogaria minhas mágoas. Deixei o carro rodar um bocado, queria estar longe dali. Queria ir para um lugar onde ninguém me conhecesse. Fui até a cidade vizinha. As ruas, um pouco desertas, combinavam com meu estado de espírito. Vi um bar, parecia aconchegante. Estacionei e rumei para lá.

O destino nos prega cada peça! Por vezes, nem imaginamos o caminho ao qual nos conduz! Seguindo minha intuição e sentimento do momento, fui até aquele lugar para terminar algo que começara.

Assim que me sentei uma algazarra chamou-me a atenção. Um casal estava a discutir, sem se importar se estavam sendo observados. O homem de costas com a cabeça abaixada e a mulher, com seus longos cabelos, pendurada em seu pescoço.

– Assim me machuca! – disse o homem.

Aquela voz... Eu a conhecia! "Pai de Bárbara! Não é possível!", pensei. Cutuquei o homem com minha bengala, ele se virou para esbravejar alguma coisa e parou de chofre.

– O que faz aqui? Como sabia onde me encontrar? É bruxo?

Levantei-me e o peguei pelo colarinho, falando:

– Não importa muito quem eu seja, mas você é um canalha, safado, que não merece a família que tem! Estão todos à sua espera e você aqui, nessa safadeza! Não aprendeu nada! Pensa que sou otário? Que cobrirei suas dívidas e ficará por isso mesmo? É um tolo! Não me conhece, mesmo! Pode se despedir de sua "dama" que temos de dar um passeio, ou melhor: temos uma festa, na qual somos os personagens principais!

– Tenho de pagar minha conta! – esbravejou ele, tentando se livrar do peso de minha mão.

Tirei uma nota do bolso sem o largar e fui empurrando-o em direção à porta. Veio um homem nos interceptar pensando ter acontecido algo entre nós e a "dama".

– É meu sogro! – gritei. – Estou levando-o para casa. – O homem se afastou meio desconcertado, pois tínhamos praticamente a mesma idade.

– Solte-me! Não sou um bandido para ser carregado pela lapela. Está equivocado se pensa que vou lhe dar permissão para esse casamento! Minha filha, prendada, moça preparada... acabar seus dias presa a um velho déspota!

Ao ouvir isso, perdi minha paciência... peguei minha bengala e dei em sua cabeça.

– Está louco! – gritou ele. – Vou chamar quem me socorra, antes que acabe com minha vida!

Eu já havia perdido a pouca paciência que me restara daquela festa frustrada e agora aquele homem desavergonhado, que não respeitava a família, ali na minha frente, era demais, apesar de todo juízo que eu tinha.

– Se não se calar, vou lá dentro, pago uma bela quantia àquela "dama" e a levo como sua companhia até sua casa!

– Não será capaz de tamanha ousadia! Bárbara passaria a detestá-lo! Ela preza muito o nome da família e isso a cobriria de vergonha.

Eu o sacudi com violência, fazendo-o ver que eu não estava brincando.

– Se não autorizar o casamento, não tenho nada a perder, mas fique certo que de você não sobrará nada! Nem esse nome de família que bravateia tanto! – O homem amoleceu, pois percebeu que eu estava muito furioso.

Levei-o até o carro e fiz com que tomasse assento antes mesmo de ele pôr o pé no carro. Ele estava perfumado de bebida. Era uma triste figura, um homem com um lar formado... a esposa e a filha esperando-o... e o safado em bares com damas da noite, sem se importar com a dor que estava causando. Não tinham ainda se passado duas horas desde que eu deixara a casa de Bárbara. Decerto, a festa não acabara.

Dirigi como um louco. Logo estávamos diante da casa.

– Sorria! – falei a ele. – Recebi de você um telefonema e fui esperá-lo no aeroporto! Entendeu bem?

O homem sacudiu a cabeça, dando a certeza de que sabia que estava com o destino em minhas mãos. Pegou um pente do bolso, alisou os cabelos, penteou o bigode e entrou firme na casa.

Quando Bárbara o viu, foi correndo ao seu encontro, cobrindo-o de beijos. A expressão dele mudara. Parecia um pobre coitado levando a filha ao sacrifício.

– Está tudo bem, pai? – perguntava Bárbara alisando seus cabelos. Sua mãe de longe tudo observava. Era esperta; com certeza, adivinhava a situação do momento.
– Como se encontraram? – continuou Bárbara, atropelando-se nas palavras.

– Não importa! O importante é que estamos aqui e seu pai vai se pronunciar aos convidados.

Ele pigarreou, pediu a atenção de todos e começou o dramático discurso. Falou sobre a vida em família... Como as obrigações familiares estavam acima de tudo, como hesitara em dar a mão de sua filha, por achá-la nova demais para tão sério compromisso... Mas, conhecendo melhor o futuro genro, vira que uma pessoa mais experiente numa relação era a certeza de que o resultado seriam bons frutos.

Todos aplaudiram freneticamente. Eu estava boquiaberto. Aquele homem era mais cínico do que eu pensara. Teria de tomar cuidado com ele ou o casamento, apesar de prometido, não se concretizaria.

Bárbara estava radiante. Sabia que algum carinho ela tinha por mim. Trocamos alianças e fomos abraçados por todos. O casamento foi marcado para dali a três meses. Tempo suficiente para tratarmos dos papéis necessários.

De repente, a situação se invertera. Estava eu ali noivando, depois de sair daquela casa pensando numa festa frustrada. Agradecia a Deus pelo momento. Fora a mão divina que me levara até aquele homem, numa cidadezinha perdida.

De vez em quando, nossos olhares se cruzavam. Ele estaria se perguntando o que eu estava fazendo tão longe na hora da festa, e como o encontrara. Espiões... decerto, pensaria estar sendo vigiado pelo montante da dívida não paga. Ao Banco ele nada mais devia, mas fora só uma transferência... dívida, agora, ele tinha comigo. No fim de tudo, fora uma bela festa.

Levei os convivas até a porta, recebendo mais uma vez felicitações pela bela noiva escolhida por mim.

Bárbara era só sorrisos. Sua mãe a certa altura se recolhera dizendo estar indisposta. Fora o cansaço pelos preparativos. Bárbara era sua única filha e merecia que tudo estivesse a contento.

Acabamos de nos despedir dos últimos convidados e fomos nos sentar com seu pai.

– Belíssima festa... – gracejou ele, observando as flores que enfeitavam a sala.

– Bárbara merece todo o meu respeito e todas as flores por mim mandadas. Mais espaço tivesse... e muitas outras viriam.

– Exagero – disse ela sorrindo. – Está me mimando muito. Já basta meus pais, que ainda pensam que sou uma garotinha. Mas agradeço pelas flores, pela festa e pelo galanteio. Tenha certeza de que serei fiel à palavra por meu pai empenhada.

Não era assim que eu queria, mas se ela assim o aceitava... teria de me contentar com isso. Peguei sua mão e a osculei demoradamente, depois falei:

– Não quero sua gratidão, quero que o amor floresça em seu coração, como essas flores, testemunhas de nosso noivado.

Seu pai cortou o momento, pigarreando, como era do seu feitio.

– Já se faz tarde! – disse ele. – Estamos todos cansados. É melhor nos recolhermos. – Boa noite, cavalheiro! – disse, levantando-se e dando por terminada a festa.

Bárbara prontamente se ergueu e foi buscar meus apetrechos. Coloquei o chapéu, fiz a inclinação de despedida ao meu sogro e caminhei rumo à porta. Queria ficar a sós com Bárbara, mas, com certeza, naquele momento, aquele homem não permitiria. Ela abriu a porta graciosamente e esqueci meus pensamentos turvos. Osculei mais uma vez sua mão, dizendo esperá-la para almoçar no dia seguinte, no mesmo restaurante de sempre.

Meu sogro, ouvindo-me, veio ao nosso encontro, dizendo não ser de bom-tom esses encontros fora de casa. Compromisso sério tinha de ser respeitado. O que iriam falar se Bárbara saísse de casa para encontros furtivos?

– É minha noiva! – exclamei, já perdendo a paciência. Não sabia o que queria aquele homem, mas, estragar minha vida, eu não permitiria! Mais calmo, respondi: – Bárbara, seu pai tem razão. Fui afoito no convite. Leve sua mãe, terei prazer em almoçar com vocês!

Eu não poderia me indispor com o pai dela, pois ela era só obediência a ele. Despedi-me mais uma vez e fui embora, mas desta vez não fui desconsolado. O casamento fora marcado e dali a três meses teria a mulher por mim escolhida reinando em minha casa.

Mas não foi bem assim. Comecei a ter ciúmes até da luva usada por ela; queria mais contato com suas mãos e aquela luva atrapalhava. Três meses passaram rápido e logo me vi casado.

Bárbara era uma doçura de pessoa, e eu cada vez mais enciumado. Não queria que andasse sozinha, queria sempre sua camareira ao lado e lhe dava alguns trocados para saber sempre de seus passos.

O piano era figura principal naquela casa, os acordes iam longe. Logo que eu me aproximava da casa, respirava em pleno pulmão aquela melodia entoada.

Assim que eu chegava a casa, ela corria ao meu encontro, pegava meu chapéu e minha bengala e perguntava como fora meu dia... se estava exausto, que fosse para o banho. Minha roupa caseira, dobrada em cima da cama, mostrava o zelo que minha nova esposa tinha para comigo. Eu me sentia realizado. Só não gostava quando eu chegava a casa e tinha visitas. Meus sogros sempre estavam por lá...

Disse a Bárbara o que pensava daquelas visitas constantes. Ela ficou amuada e, por alguns dias, não se ouviram os acordes do piano. Eu não me importava, não queria meus sogros constantemente ali. Sabia que eles a influenciavam... filhos, dizia ela, era muito cedo para isso!

Eu não podia esperar muito, minha idade não permitia essa escolha. Disse a ela, mais uma vez, o que pensava, e ela se fechou como um caramujo. Evitava-me. Agora, quando eu chegava a casa, ela estava bordando; cumprimentava-me e voltava ao bordado. Minha roupa era separada na cama, mas tinha um ar de abandono, coisa que não acontecia antes. Sair à noite ela não queria. Dizia estar cansada.

Eu pegava meus afazeres que trazia do Banco e ficava até altas horas trabalhando. Ela se recolhia com um discreto boa-noite e se esgueirava quando ia lhe dar um abraço. Tudo isso eu relevava, pois ela estava ali, era minha esposa, e isso era o que importava.

Um ano se passou e essa rotina continuou. Só seus pais que não mais a visitavam, mas eu sabia que, nas suas andanças, ela ia vê-los em casa.

Minha confidente já me alertara. Ela ia todas as tardes à casa dos pais. Certa noite, perguntei-lhe se estava com saudades, poderíamos fazer-lhes uma visita.

– Estou indisposta! – respondeu. – Amanhã eu os visito.

Eu sabia que naquela tarde havia ido até lá e omitira. Mentiras... eu não suportava. Fiquei indignado, mas me calei. Na manhã seguinte, dei ordens expressas aos empregados de que não queria a ausência de nenhum deles. Caso madame quisesse sair, que me esperasse.

Fui trabalhar amuado pela ordem dada. Sabia que começaria um conflito, mas não tinha alternativa ou acabaria por perdê-la.

A casa ficou tristonha... já não se ouviam suas risadas, agora se recolhia cedo... nem bordar mais bordava.

Eu ficava trabalhando solitário... parecia que estava vivendo a mesma vida de outrora. Um lar vazio, sem ninguém me esperando. Desculpas de não estar bem, ela sempre me dava, até que chamei um médico. Homem conhecido... excelente pessoa. Ela se surpreendeu, disse a ele não estar doente, apenas um pouco cansada. Estava com saudade dos pais, a quem havia muito não via.

– Sua esposa precisa de distração – disse o doutor. – Leve-a para passear. No momento, ela precisa de ar puro e distração.

Paguei o homem e o dispensei. Não era isso o que eu precisava ouvir. Da minha vida cuidava eu. Ele só teria de saber das doenças. Entrei no quarto e ela estava chorando.

– Está arrependida pelo passo que deu? Quer abdicar dos deveres de esposa? Não cuida de nada, não me faz companhia, não toca mais piano e parece de gelo quando a toco. Sente repulsa de mim?

Ela se virou para o lado oposto, dando meu discurso por encerrado.

Saí e fui para o quarto ao lado. Pensei que uma noite sozinha seria suficiente para pôr ordem em sua loura cabecinha.

Ao contrário do que eu esperava, ela pareceu mais feliz por eu ter me afastado. No dia seguinte, quando fui me recolher, ela estava deitada no meio da cama e só seu travesseiro e sua coberta estavam ali.

Fui para o quarto ao lado e vi que estava arrumado como se me esperasse. Isso não podia estar acontecendo... Ela era minha esposa! Tinha deveres matrimoniais que eu não dispensava.

Fiquei furioso. Eu a amava... e a estava perdendo. Dormi no quarto que me foi preparado e acordei de mau humor.

Os empregados serviram-me na mesa o café da manhã e prepararam o dela para levar ao quarto. Eu segurei a bandeja e dei ordem ao empregado:

– Suba e fale para a senhora que o desjejum está servido e que estou a esperá-la.

O homem se afastou devagar, resmungando. Era um antigo empregado, fiel em suas ações e cuidadoso para comigo.

Ele voltou do mesmo jeito que foi, em resmungos.

– A senhora está indisposta. Vai se levantar mais tarde, disse estar sem apetite e que mais tarde tomará um chá.

Dei um murro na mesa que fez a casa estremecer. O silêncio era angustiante e nos últimos dias tinha sido meu fiel companheiro.

– Isso não pode continuar! Diga à madame que virei em casa almoçar e rogo-lhe a companhia.

Peguei meu chapéu e minha bengala e fui trabalhar sem minha primeira refeição. Ela era uma menina mimada, mas estava passando dos limites.

Casara-me pelo sobrenome e pela companhia. Casara-me para continuar uma família, mas, do jeito que as coisas estavam indo, seria difícil um rebento naquela casa.

Foi um dia péssimo! Tratei mal os empregados e dívidas não pagas foram logo executadas, sem chance para o devedor.

Lembrando disso, mandei um mensageiro até meu sogro:

– Quero-o em meu gabinete nas primeiras horas de amanhã.

Se ele estava influenciando Bárbara, já era hora de quitar parte da dívida.

Fui mais cedo para casa, nem esperei as doze badaladas. Não conseguira me concentrar no trabalho. Cheguei a casa e o silêncio reinava. Onde estaria minha esposa? Fui ao quarto, sem nada perguntar aos serviçais. Sua cama estava arrumada e não havia vestígios de minha mulher. Esbaforido, desci a escada, chamando-a por todos os lados.

– Ela não está, senhor! Saiu bem cedo, disse que ia à casa dos pais, mas voltaria para o almoço.

Ela me desobedecera. Sabia que não queria que fosse só à casa dos pais. Eu estava perdendo o controle sobre minha mulher, teria de dar um basta nisso.

Escutei-a chegar. Ela levou um susto ao ver-me. Eu a esperava de pé diante da escada e disse querer uma explicação pelo seu ato.

– Fui ver meus pais! – disse ela, mexendo nervosamente as mãos... – Queria vê-los, sentia saudades. Fui só porque deixou ordens expressas de nenhum empregado sair de casa. – Ela falava me dando a entender que não era minha escrava. Eu desarmei. Precisava mudar de atitude ou a perderia.

– Bárbara, veja se me entende. Não quero que ande sozinha... É perigoso. Salteadores andam por essas bandas e você seria presa fácil. É a esposa de um banqueiro, preocupo-me com você.

Ela agradeceu, retirando a luva, e perguntou se o almoço já estava servido.

– Estava esperando-a. Vamos, ele logo estará servido.

Dei-lhe o braço e caminhamos até a sala de jantar. A tensão fora quebrada. Eu amava aquela mocinha... e isso era o que importava.

Ela pediu um pouco de vinho e logo suas faces estavam rosadas. Ela ria como da primeira vez que nos encontramos, quando na bolsa o lencinho fora guardado.

Resolvi não voltar ao trabalho naquele dia.

Pedi que, ao piano, tocasse para mim uma linda melodia. Ela não se fez de rogada, e depois de muito tempo os acordes do piano quebraram o silêncio daquela casa.

Quando ela acabou de tocar, fui até ela e coloquei em seu pescoço um colar de esmeraldas. Tinha-o encomendado para uma data especial e senti que o momento era aquele. Ela, maravilhada, passava a mão no colar, dizendo estar encantada com o mimo. Tomei suas mãos e as beijei. Beijei seus cabelos, sua nuca e ela se rendeu aos meus apelos.

Foi uma noite maravilhosa! Talvez o efeito do vinho, agradecimento pelo colar ou eu me ter calado sobre a ida à casa dos pais. Ela se entregou como nunca havia feito antes.

4 | A gravidez

Despertei com o galo cantando, fazendo-me ver que estava atrasado. Não queria ir trabalhar, mas os negócios me chamavam. Bárbara ainda estava dormindo. Dei-lhe um beijo em sua testa, acariciei seus cabelos e segui rumo à labuta.

A caminho do trabalho eu assobiava, estava feliz como nunca e mais feliz fiquei, depois de passado um tempo, com a notícia de que teria um herdeiro. Foi felicidade plena. O que eu queria, o que almejava muito, tinha se concretizado.

Até perdoei os pais de minha mulher. Eles agora iam a minha casa com frequência e eu até os agradecia.

Bárbara era frágil e a gravidez a deixara fraca. Não parava de ter enjoos.

Chegou o mês esperado. Abril chegou nos presenteando com um casal de lindas crianças. Era mais do que eu pedira, minhas aspirações vinham em dobro.

Na casa se respirava felicidade. Contratei duas enfermeiras para dar às crianças o tratamento necessário. Bárbara ainda estava se restabelecendo, fora um parto difícil e ainda tinham por ela cuidados. As crianças cresciam rapidamente. Meu relacionamento ficou mais fácil, o centro das atenções eram as crianças e sempre tinha novidades.

Quando elas fizeram um ano, nova surpresa se deu, minha esposa enjoava e novo rebento viria. Eu me enchia de orgulho, era a família que eu sempre quisera.

Agora, para Bárbara, era mais difícil cuidar das crianças com aquela enorme barriga.

Numa manhã de agosto, as dores começaram a ser sentidas. Chamei a parteira e ela me disse que alguma coisa estava errada. Saí em busca do médico, que já havia procurado anteriormente. Disseram que ele estava atendendo nos arredores da cidade. Fui à sua procura, tentando divisar, em algum lugar estacionado, seu carro, que chamava atenção por ter uma cruz vermelha colada no vidro. Eu rezava para ele estar por aquelas bandas.

Tinha ido buscar os pais de Bárbara, mas eles nada puderam fazer. Minha mulher gritava de dor e não conseguia parir. Eu estava nervoso, angustiado, e nada de encontrar o doutor.

Desanimado e orando para que Deus iluminasse meu caminho, um carro veio ao meu encontro.

– Está à minha procura? – perguntou ele. – Estou me dirigindo a sua casa.

– Bárbara precisa de sua ajuda. O parto está complicado.

Temia por minha mulher. Temia pelo filho que estava para nascer. Fomos embora rapidamente, e, ao chegar a casa, entrei esbaforido. Minha sogra pediu silêncio... a criança havia nascido. Solicitou que o doutor fosse cuidar de Bárbara com urgência. Ela não estava bem.

"O que havia dado errado?", perguntava-me. Não poderia perder minha mulher, mas foi o que aconteceu... Bárbara se foi, depois de dar à luz uma linda menina.

Eu fiquei desesperado. Não queria entender o momento. Não quis ver a criança... ela era culpada por eu perder minha esposa.

A casa ficou cheia de lamentos, as crianças pareciam entender e seus risos tornaram-se escassos.

Pedi aos meus sogros que levassem a pequenina, aleguei que não teria quem cuidasse direito dela. Mas, na verdade, não queria vê-la: ela era a marca da tragédia que se abatera naquela casa.

Dediquei-me aos gêmeos. Eram meu orgulho.

Os anos se passaram e eu pouco via a menina. Sete anos, sete anos desde a morte de minha esposa!

Em minha casa nada mudara. Tudo estava como se ela fosse voltar... o piano sempre arrumado com paninhos bordados e seu lencinho dobrado como se fosse usá-lo.

Eu me enterrava cada vez mais no trabalho. De dinheiro, não poderia me queixar, dava uma mesada aos meus sogros, não queria que nada faltasse à garota. Não queria isso em minha consciência.

Dezoito anos... dezoito anos se passaram como num passe de mágica! Nunca mais vi a menina. Os pais de Bárbara iam ver os netos quando eu estava no trabalho. Acho que me culpavam pela morte de minha esposa, como eu culpava a menina.

Meu casal de filhos era parecido comigo. O menino, já rapaz feito, era meu espelho. Os dois eram estudiosos e só me davam orgulho. A única coisa que eu lamentava era que nenhum dos dois se interessava por música.

– Piano? Nem pensar! – diziam eles. Era um instrumento melancólico, que já tivera seu tempo. Por eles eu o venderia, modernizaria aquela casa, que diziam ter um ar lúgubre.

– Nem pensar! – dizia a eles. O piano só sairia daquela casa depois de minha morte. Ele era a presença de Bárbara e isso eu não poderia dispensar.

Às vezes, ficava tomando meu vinho naquela sala a olhá-lo e escutava os acordes, era como se ela estivesse tocando. Queria tanto que minha filha me desse esse gosto, mas ela estava ficando rebelde, vaidosa, só queria festas e encontros com os quais eu discordava e, por essa razão, vivíamos brigando.

Meu filho não mudou. Era um rapaz compenetrado nos estudos, pouco saía e já ia comigo ao Banco para alguns afazeres.

Eu estava cansado... teria de colocar meu filho à frente de meus negócios, não tinha ânimo para fazer muito mais.

Uma tarde, ao sair do trabalho, uma força me empurrou até a frente da casa de meus sogros. Fiquei ali encostado ao poste, como da vez em que esperava ver Bárbara. Fiquei pensando nos nossos encontros e na dívida não paga.

Estava distraído, afogado em meus pensamentos, quando escutei o piano.

Chopin! Bárbara! Era Bárbara que estava ao piano. Sacudi a cabeça tentando aliviar meus pensamentos. Bárbara estava morta! Isso não poderia estar acontecendo! Saí em desabalada carreira, peguei meu carro e fui para casa.

Desse dia em diante, quando me via parado, escutava aquela música.

Comecei a me isolar, mais do que já estava. Procurei de novo aquele bar onde havia muito encontrara meu sogro. Comecei a ser freguês constante. Ali, ninguém me conhecia. As damas da noite me serviam de ouvinte, sem perguntar muito, e, como eu nada respondia, ficava no anonimato.

Comecei a beber para esquecer meu sofrimento. Eu nunca admitiria, mas a ausência de minha filha, meu gesto desesperado, inconsequente, deixara-me marcas profundas que eu não soubera reverter.

Eu sofria pela falta de minha mulher, mas não era só isso e, inconscientemente, eu não admitia. Comecei a chegar a casa altas horas, o dia amanhecia e eu estava péssimo.

Meu filho, bom observador, tentou conversar comigo, mas eu o cortava, sempre o que eu fazia era o certo.

Passei a ficar muito tempo longe de casa e as coisas tomaram novo rumo.

Um dia, ao chegar, apesar do adiantado da hora, as luzes ainda estavam acesas.

– O que teria acontecido? – firmei minha bengala no chão e apressei meus passos.

Ao entrar, deparei com o que nunca pensei que veria. Casais abraçados para todos os lados, copos e bebidas pelo chão espalhados! O piano fora afastado e servia de mesa para pratos de petiscos.

Não era possível! O que acontecera em minha casa? Divisei minha filha nos braços de um rapaz estranho, que, quando eu bati fortemente com a bengala ao chão, veio ao meu encontro tomar satisfações.

– Quem é o senhor? Foi convidado? Acho que errou de festa... anciões não são permitidos neste local.

Peguei minha bengala e encostei-a em seu peito, empurrando-o e falando:

– Mais respeito com o dono desta casa! Peço que se retire imediatamente, como todos os que estão aqui! Tomarei providências mais enérgicas se demorarem mais que um minuto para sair!

Todos olharam para a minha filha, esperando uma reação. Ela se levantou e fez menção de que seria a primeira a sair.

Quando passou por mim, segurei-a fortemente pelo braço, impedindo-a de dar mais um passo.

– Já passou dos limites, mocinha! Temos muito que conversar! Seus amigos podem se retirar sozinhos, são bem grandinhos, não precisam de guia!

Eles passaram por mim enfileirados, lançando-me olhares de raiva e deboche.

Minha filha cheirava a bebida, não estava em condições de assimilar nada do que eu poderia dizer. Fechei a porta, apaguei as luzes e, ainda segurando-a pelo braço, conduzi-a até o quarto. Só depois de vê-la deitada é que relaxei.

Eu, todas as noites fora de casa, não sabia a quanto tempo aquilo acontecia. De manhã, pedi uma reunião de família, esperei meu filho descer para o desjejum e lhe falei. Solicitei ao empregado que fosse chamar a menina e fiquei naquela sala, já arrumada pelos empregados, esperando-a.

Ela veio esfregando os olhos, dizendo estar cedo para sermão.

– Pai, deixa de ser careta! Só estávamos nos divertindo! O mesmo que o senhor deve fazer quando não volta para a casa depois do trabalho!

Aquela alusão à minha vida privada fez-me perder o controle.

– Não a reconheço – disse, já levantando e alterando a voz. – O que quer da vida? Seja o que for que pretende, respeite sua casa! Minha casa! Casa de seu irmão, que não faz nada que desabone sua conduta!

– Esqueceu de mencionar alguém! – disse ela, com ar de desafio. – Tenho uma irmã que não posso ver, com que não posso falar, trocar confidências... porque o senhor a excluiu de nossa casa! Como pode me fazer críticas se não procede de acordo com suas palavras? Muitos anos se passaram... Afastou-nos da irmã que tínhamos... de nossos avós... Que direito o senhor tem de me fazer críticas?

Levantei a bengala e atirei-a sobre a mesa. O cabeçote foi parar longe. Tinha destruído o que parecia ser mais uma de minhas vértebras. Minha filha se assustou e correu para se abrigar em seu quarto. Tudo o que ela falou era verdade, mas eu não gostei de ouvir nem tampouco admitiria sua razão.

Meu filho veio ao meu encontro e, colocando a mão em meu ombro, falou carinhosamente:

– Não brigue, pai! Isso passa... coisa da mocidade... Esqueça o que ela falou. Sua conduta como pai, chefe de família, sempre foi incontestável! Se um dia essa atitude foi tomada pelo senhor, com certeza, foi porque não havia alternativa.

Olhei para o meu filho agradecido. Ele era o oposto da menina. Parecidos sim, mas só na aparência.

Sentei-me em uma poltrona e caí em prantos. Meu filho ficou assustado, nunca tinha me visto chorar.

– Sinto falta de sua mãe – disse a ele. – Escuto sempre os acordes do piano e sinto sua presença. Eu a amava... do meu jeito, mas a amava muito. Se não fosse a gravidez, ainda estaria aqui comigo.

Meu filho me abraçou, dizendo me compreender. Depois fui entender o porquê de tanta compreensão. Daquele dia em diante, fui para casa mais cedo. Não queria que tornasse a acontecer algo em meu lar, que só seria permitido por minha ausência.

Eu estava cada vez mais desanimado, vivia para o trabalho. Minha filha se tornou arredia. Quando ia almoçar em casa, sempre dava uma desculpa para não estar à mesa.

Meu filho era só compreensão. Era agora meu braço direito no Banco. Austero, porém maleável quando preciso. E assim fomos vivendo. O piano esquecido em um canto da sala ainda era meu companheiro nas noites de insônia. Tudo estava aparentemente tranquilo, até o dia que, ao sair do Banco e entrar em meu carro, divisei ao longe uma moça que parecia ser Bárbara. Tornei a fechar o carro e corri para alcançá-la, mas perdi tempo demais, ela desapareceu como fumaça. Eu não estava bem; marquei consulta e fui ver o motivo de minhas visões. Nada! Minha saúde estava perfeita! Só um pouco cansado, como disse o doutor.

A casa ficava entregue ao meu fiel escudeiro, ele de tudo se encarregava. Então, quando eu chegava, nem a roupa eu trocava de imediato. Ficava na sala observando o piano como se estivesse vendo e escutando Bárbara tocar. Eu me corroía e não sabia por quê. Tinha meus filhos, que eram uma bênção de Deus. Tinha fortuna, era por demais respeitado... Por que não era feliz?

Tanto tempo havia se passado da morte de minha esposa e eu ainda não tinha controle de minhas emoções! Agora, quando chegava a casa, antes de cumprimentar alguém, pegava meu copo de bebida. Ele e o piano eram meus companheiros naquela solitária sala.

Meu filho ficava trabalhando até altas horas, coisa que era para ser feita por mim. Eu o ensinara e deixara, aos poucos, tudo a seu encargo.

Minha filha eu pouco via. Sempre estava atrasada, como dizia, ou pedia para pernoitar em casa de alguma amiga. Eu cansara de negar, mas ela começou a levar consigo uma moça por mim conhecida e assim conseguia o feito.

Comecei a me sentir indisposto, pouco comia e muito bebia, não durante o expediente, mas, quando chegava a casa, afogava minhas mágoas. Certa manhã, não consegui me levantar da cama; uma fraqueza se abateu sobre mim e meu corpo ardia em febre. Como eu não descera para o desjejum, meu filho veio até meu quarto para saber de minha demora.

– Não estou bem – disse a ele. – Pode ir para o trabalho que, logo, logo me recupero.

Mas não foi o que aconteceu. Eu me sentia cada vez mais abatido e já nem me levantava mais. Sentia a presença do doutor ao meu lado, mas não conseguia lhe falar. As poucas vezes que abria os olhos, via minha filha ou meu filho ao meu lado. Comecei a ter visões. Bárbara estava ali a cuidar de mim.

Seus cabelos dourados às vezes roçavam minha face, dando certeza de que ela era presença constante. Eu não queria me recuperar. Se ali prostrado tinha o que mais queria... então, que assim eu ficasse, até sucumbir e ir ao seu encontro. Eu sentia que delirava. Chamava por Bárbara e pedia que dali ela não se afastasse. Sua mão em meu rosto me fazia sentir melhor. Não sei quantos dias se passaram... Certa manhã, acordei com a claridade do quarto.

– Pai, tem de reagir! Está nos deixando aflitos. Precisamos do senhor! – Senti o corpo do meu filho sobre meu peito e acariciei seus cabelos.

– Filho, perdoe-me... eu queria ir embora com sua mãe. Ela estava aqui cuidando de mim. Estranho... era tão real!

Meu filho se levantou exclamando:

– Era a febre! O senhor delirava e teve visões! – As lágrimas desceram pelo meu rosto, numa angústia nunca sentida.

Fechei os olhos e fiquei em silêncio. Uma semana depois, comecei a trabalhar. Tinha recomendações expressas do médico de que não poderia verter nem mais um gole de bebida, orientação que não obedeci. Continuei uma vida desregrada, não mais me importando se minha filha cumpria minhas determinações. Chegava a casa embriagado, cheirando a perfume barato; depois, arrependia-me e jurava que não mais o faria, porém era difícil tomar a direção certa de casa depois do expediente. Eu sempre andara rigorosamente vestido, agora não mais me importava. O terno me servia para vários dias, chamando a atenção dos empregados da casa.

– Patrão, seus ternos estão alinhados em seu *closet*, tudo em perfeita ordem.

Quem me falava era meu fiel escudeiro. Eu o olhava, agradecia sua atenção e continuava meu desjejum, às vezes, um pouco enjoado pela bebedeira da véspera.

Um dia, meu filho tentou conversar comigo:

– Pai, estão comentando no Banco que o senhor não está bem de saúde, dizem até que pode estar variando. Tem de dar mais atenção a sua vestimenta... Lembra o que sempre nos disse? Temos um nome a zelar!

Prestei atenção ao que ele me disse e passei a me cuidar. Até porque, todas as manhãs um novo terno estava a me esperar sobre a cadeira.

Minha filha estava cada vez mais distante. Às vezes eu chegava na mesma hora que ela. Suas altas risadas indicavam que não estava sóbria, mas o que poderia falar um pai que não se fazia respeitar? Eu a estava perdendo e não me dava conta disso, até que aconteceu uma tragédia. Seu carro, desgovernado, ao passar em uma pontezinha, caiu no precipício. Minha filha foi embora... vida perdida, morte estúpida!

Eu me senti culpado. Se tivesse conversado com ela, se fizesse companhia a ela, em vez de ficar até altas horas em bares... ela não sairia tanto de casa...

Meu filho ficou transtornado. A casa, que já não estava alegre, entristeceu-se ainda mais. Os empregados choravam pelos cantos a morte de minha menina.

As bênçãos que agradecia todas as noites a Deus tinham se partido ao meio.

Durante o velório, muitas coisas aconteceram, vi meus sogros depois de muito tempo... vi a besteira que havia feito ao afastá-los de meus filhos. O pai de Bárbara, já com os cabelos totalmente grisalhos, perdera aquele ar de cafajeste. Sua mãe, coitada, envergada pelos anos sofridos, chorava agora a neta perdida.

Tentei me aproximar deles, mas em um impulso voltei atrás. Temia que falassem de alguém que eu não queria e isso era página virada em minha vida. Perdera Bárbara... Perdera minha menina. Tinha tudo para ser feliz, mas a vida me colocara armadilhas e eu fora caindo, uma a uma.

Em meu quarto, peguei a garrafa que lá havia escondido e fui até a janela para beber um trago. Vi uma silhueta se escondendo entre as árvores e observei curioso. A figura saiu correndo e seus cabelos louros me davam a certeza de quem eu estava vendo. Desci a escada correndo e fui atrás dela. Ela desaparecera, então fiquei ali, gritando:

– Bárbara! Volte! Não fuja, pelo amor de Deus! – Cada vez gritava com mais força, até cair no chão, extenuado.

Pessoas vieram ao meu encontro, consolando-me, dizendo que eu estava perturbado pela morte de minha filha.

– Não estou louco! – dizia a eles. – Eu vi Bárbara e não é a primeira vez! Ouço acordes do piano, sinto sua presença, não posso estar enganado... – Dizendo isso, caí em prantos.

Meu filho veio ao meu encontro e me conduziu até a sala. Começou falando palavras doces de consolo, que me acalmaram um pouco. Era para ser o contrário. Sua irmã, sua alma gêmea, havia partido. Eu, que deveria consolá-lo, estava ali, aos pedaços, pedindo abrigo. Ele era uma bênção em minha vida, mas eu estava fazendo mal a ele. Afastara-o dos avós, deixara todo o serviço em seus ombros e ainda tinha atitudes erradas... mas ele, em sua bondade e compreensão, ainda me consolava.

Nos primeiros dias passei as noites em casa, mas, depois de algum tempo, voltei à rotina. O que eu vira, não saía de minha mente. Eu vira Bárbara! Mas como podia? Ela estava morta e fantasmas não existiam. Passei a ir ao cemitério levar flores para minha amada. Agora, tinha dois túmulos para visitar. Ali eu falava, chorava, afogava minhas mágoas. Às vezes, ia até lá depois do trabalho. Ficava horas conversando com Bárbara. Se ela ainda podia por ali caminhar, com certeza me ouviria. O coveiro, várias vezes, veio me chamar por estar anoitecendo e ele ter de fechar o local. Eu tirava do bolso um agrado e pedia mais alguns instantes... depois ia embora.

Um dia, meu filho foi até meu gabinete para conversar. Ficou cheio de rodeios, coisa que não era do seu feitio.

– Fale logo, rapaz! – disse a ele. – Se for problema com dinheiro... sabe que pode resolver, tem carta branca. Confio em você!

– Não é isso, pai! Temo que não entenda. Não é mexerico do povo. Sabe como é: o senhor é uma figura conhecida, respeitada... e o que passa do normal por todos é comentado.

– Está me deixando nervoso com todo esse rodeio. Se falar logo, será menos cruciante que esse aparato todo.

– Com todo o respeito... tem ido constantemente ao cemitério?

– Controla minha vida! O que esse povo anda dizendo? Enterrei minha mulher e filha. Não posso visitá-las?

– Pai, os vivos são visitados... aos mortos levamos a saudade e uma prece em alento.

– Eu vejo sua mãe! Não estou louco! Se posso vê-la, ela pode me escutar! Se quiser, não volto mais ao Banco. Já provou sua competência... tenho de fato deixado tudo em suas mãos. É melhor que, por um tempo, eu me afaste, não estou bem... tenho os nervos à flor da pele!

Meu filho ficou me olhando, devia pensar: "O que acontecera àquele homem austero, que, sozinho, construíra um império?". Eu estava ali diante dele desarmado, fraquejando... abandonando o barco.

Meu filho me abraçou e, como sempre, disse-me palavras carinhosas:

– Como quiser, meu pai! Sabe que pode contar comigo. Tomarei conta de tudo. Se algo não puder ser resolvido, procuro-o, só não quero vê-lo doente. Agora somos só nós dois... É uma lástima!

Senti uma insinuação em sua voz, mas não quis entrar em detalhes. Ele era um bom moço; apesar da dor sentida pela perda da irmã, não deixava de lado suas responsabilidades.

À noite, esperei meu filho chegar a casa para lhe falar de meus propósitos. Iria viajar!

5 | A viagem

Uma viagem de navio melhoraria meu humor e o contato com pessoas diferentes seria bom para mim, pois poderia fazer relatos de minha vida sem julgamentos.

Uma semana depois de lhe falar, parti. Eu e minha garrafa, ela era minha fiel companheira.

Meu filho foi comigo até o porto, mostrando todo sentimento que tinha comigo. Já no tombadilho lhe acenei o famoso lencinho... eu o pegara. Era a certeza de que Bárbara estaria indo comigo.

Quando estava a lhe acenar, o navio lentamente deslizando, levantando âncoras... vi uma figura que sempre me fugia. Era Bárbara, que estava olhando minha partida.

Comecei a gritar desesperado. Pedi que parassem o navio... coisa que não podia ser feita. Queria me jogar na água... eu era só desespero!

Levaram-me para o camarote, dizendo ser reação de muitos que partem. "É triste deixar em terra quem amamos, mas, seguindo viagem, isso passa!", diziam eles para me acalmar.

Fiquei ali deitado, não sei por quantas horas. Eu vira Bárbara! Mas era difícil acreditarem em mim. Comecei a ficar nauseado, estava sem me alimentar e só bebendo. Escutei alguém batendo mansamente à porta. Era o oficial de bordo, que vinha ver se eu precisava de algo.

– Estou bem – disse a ele –, só preciso descansar. Amanhã subirei para o desjejum, mas agora não quero nada, obrigado pela sua atenção.

O homem deu meia-volta, mas antes deu um olhar significativo para a garrafa de bebida.

Foram dias angustiantes. De nada serviu meu afastamento, meus pensamentos estavam presos àquele piano. Continuava ouvindo os acordes e acordava assustado. Com dinheiro e uma boa conversa, conseguia uma garrafa de bebida com o camareiro.

Eu ficava horas olhando o mar, parecia que minha tristeza subia e descia como aquelas ondas bravias. Quando estava conversando com alguém, dispersava-me e chegava a sorrir, mas, quando voltava ao meu camarote, a solidão e a certeza dos fatos acontecidos faziam-me derramar o líquido daquela garrafa, sem me importar com o mal que me faria. Eu colocava a garrafa dentro do paletó e saía perambulando pelo navio. Às vezes, já sem tino por causa da bebida, entrava em lugares proibidos. Chamavam-me a atenção pelo erro e me conduziam à cabine.

Por causa da bebida, não consegui fazer amizade. Os poucos que antes conversavam comigo agora se esquivavam, sempre com uma desculpa boba.

Viajei para espairecer e continuava sozinho... Uma noite passei mal; sentia vertigens. Fui até a borda e comecei a despejar o efeito da bebida. A zonzeira me fazia debruçar mais que o necessário... senti-me cair no vazio, mas mãos tenazes me puxaram e me colocaram no chão.

– Está louco, homem?! – perguntou-me o marujo debruçado sobre mim. Continuou ele o sermão: – Se eu não estivesse aqui apreciando as estrelas... teria virado comida de peixe! Onde está alojado? Tem condição de me conduzir até lá?

E o homem, sem esperar pela resposta, colocou-me em seu ombro como se eu fosse um saco de batatas. Eu ainda estava enjoado e, pelo balançar dele, ainda mais tonto, mas consegui guiá-lo até o meu camarote. Entreguei-lhe a chave, pois ele havia me posto no chão e me escorava na parede. Ele me pegou de novo e me colocou na cama. Tirou minha roupa e molhou minha testa. Senti um alívio imediato. Será que havia morrido e ele era um anjo? Fechei os olhos e adormeci.

Acordei com a claridade da escotilha. Lembrava-me vagamente do acontecido da noite passada. Que vergonha! Se meu filho estivesse ali desaprovaria e se entristeceria com meu procedimento. Como ele mesmo falou: nós tínhamos um nome a zelar, e eu me esquecia disso.

Lembrei-me vagamente do homem que me ajudara e agradecia por ele estar presente na hora precisa. Bateram levemente à porta. Eu, que já tinha me trocado, atendi pensando ser o camareiro. Um marujo grandão estava diante de mim. Um pouco sem jeito, perguntou-me como eu estava, se havia melhorado. Fora ele quem me ajudara na noite anterior.

– Entre, por favor – pedi a ele. – Desculpe o incômodo e lhe agradeço por me ajudar. – Fui pegar em minha carteira um maço de dinheiro e entreguei a ele.

– Não, senhor! Não vim aqui para isso! Quis saber da sua melhora. Teria feito o mesmo por mim! Não falei a ninguém do acontecido... não seria bom para o senhor. Seria vigiado constantemente, para não acontecer de novo. Aí viriam os falatórios... Se precisar de alguma coisa, procure-me na sala de máquinas, meu nome é Leon, mas todos me chamam de Léo.

O homem fez uma reverência com o chapéu e se retirou sem nem mesmo me dar uma chance de me explicar. Acho que ele entendeu a situação e dispensou minhas palavras. Depois daquele dia, fui visita constante à sala de máquinas.

Aquele homem foi a minha luz. Com ele pude abrir meu coração. Falei da filha que não queria e da que eu havia perdido. Do filho que era todo compreensão e da mulher que muito amara. Falei de minhas visões e dos sons que do piano escutava... Ele trabalhava e me ouvia. O silêncio dele era diferente; seu olhar era pura compreensão. Nas noites em que ele estava de folga, encontrávamo-nos no tombadilho e ali conversávamos durante horas, sem ninguém nos importunando.

Aquele homem foi minha caixa de segredos... nele eu punha meus mais ardentes desejos e fracassos.

Ele falava pausadamente e eu o escutava como se ele fosse minha tábua de salvação. Falou-me dos caminhos da vida... da eternidade... de como somos tolos em querer fortunas e deixar de lado o tesouro maior: a paz de espírito e a compreensão. Que ao irmos embora da face da Terra só levaríamos conosco nosso espírito. O resto pertencia à Terra.

Eu, às vezes, não compreendia bem suas palavras. Como não acumular fortuna? De que viveriam meus descendentes? Mas eu não poderia dizer que ele estava errado, ele poderia se ofender e não querer mais minha companhia. Mais tarde fui entendendo... tudo é válido, se não passarmos por cima, massacrando alguém, para chegarmos a uma posição privilegiada. Parecia que ele estava falando de mim. Quantas vezes, sem piedade, eu acionei homens de família, que por desventura ficaram devendo ao Banco? Eu nem esperava uma justificativa, ou, melhor, rezava para que eles não pagassem, pois assim perderiam seus bens hipotecados. Os juros eram altíssimos... no desespero, nem viam que o lucro que eu tinha era inadmissível. Assim fiz minha fortuna e parecia que aquele sujeito sabia de todos os meus passos.

Mas não lhe quis mal. Ele não entendia de negócios. Realizar o que eu havia conseguido, às vezes, era difícil! Tinha de ter esperteza ou seria mais um a deixar faltar o pão na mesa. Contudo, não era bem assim. Mais tarde entendi:

eu era inteligente, astuto, e conseguiria meu intento, mesmo sem fazer os outros sofrerem.

Minha Bárbara... só a tive por dívida não paga! Mas eu a amei... um amor egoísta, e a fiz sofrer! Afastei-a de seus pais... obriguei-a a um compromisso e a perdi. Não sei se um dia ela me teve carinho ou ficou comigo por obrigação até o fim de seus dias. Ela poderia ter ido embora depois do nascimento dos gêmeos... Acho que ela me amava... Essa incerteza é que fazia com que eu afogasse minhas mágoas na bebida.

Elisa... nunca poderia chegar até ela. Leon, na sua simplicidade, disse que o amor a tudo perdoa, mas como minha filha iria me perdoar?

Fui injusto, desumano... não amei quem veio ao mundo querendo do pai o abrigo, já que a mãe se fora. Um nascimento, uma partida. Eu a julguei, coloquei naquela criança a culpa que carregava comigo. Nunca iria procurá-la... ela nunca me perdoaria...

A viagem seria perfeita, não fosse meu estado de espírito.

Eu escrevia longas cartas a meu filho, e esperava que o navio aportasse para enviá-las.

Eu mandava notícias, pois não queria que ele se achasse esquecido e também porque sabia de sua preocupação para comigo.

Comecei a beber menos. As conversas com meu recente amigo davam-me novo alento. Já eram dez dias de viagem e nada de o navio aportar. Comecei a ficar mareado... eu pouco me alimentava e da bebida fazia bem menos uso.

Então se deu o que era a preocupação de meu filho: fiquei adoentado e fui despejado com as cartas no primeiro porto.

Fui levado a um hospital e a febre me consumia. Fiquei isolado, sozinho... agora, não tinha mais um amigo. As cartas ficaram esquecidas na minha bagagem. Meu filho não teria notícias minhas.

Fiquei três meses em um hospital, ficara tísico. Era o resultado da vida desregrada que eu estava levando.

Não acreditei quando me disseram há quanto tempo eu estava ali prostrado. Uma enfermeira vinha sempre falar comigo e me levava para apanhar sol. Eram caminhadas pequenas e logo estávamos de volta, mas já não me sentia isolado... porém, sentia muita saudade de meu filho.

Tudo o que fiz deu errado. Devia ter ficado em casa com minha família.

Que família? Ela se desmoronara, só restava meu filho.

Ele era meu mundo, meu tesouro maior, minha expectativa de construir uma nova família e seguir bem os negócios. Punha nos ombros dele todas as minhas esperanças.

Já não me lembrava mais dos conselhos de Leon e afastava minha filha de meus caminhos futuros.

Como seria ela, loura ou morena? Quando assim pensava, sacudia a cabeça, tentando me livrar dos pensamentos.

Com mais intimidade, pedi à enfermeira que, por caridade, pegasse em minha mala as cartas e as enviasse a meu filho.

Eu usava um camisolão, de minhas roupas nem sinal, mas, com certeza, haviam guardado, pois eram meus pertences e me acompanhariam.

Foi quase como eu pensava. Fiquei nervoso, angustiado, passei mal e de novo comecei a ter febre quando a enfermeira me disse que não encontrara uma única carta na minha bagagem.

– Mas como? – perguntei a ela. – Estavam bem guardadas, amarradas em fitas, colocadas em meio a minha roupa. Não deve ter procurado direito. Estão lá, com certeza!

– Meu bom homem – disse ela carinhosamente –, gostaria que assim não fosse. Gostaria de reanimá-lo com notícias de que suas cartas estariam chegando ao destino, mas isso, na verdade, não acontece. Vasculhei suas malas e roupas, uma por uma foi por mim tirada e revistada. Seu dinheiro, documentos, estão intactos esperando sua melhora, mas as cartas...

Eu comecei a chorar e tremer, sentia-me inútil, um ser fracassado ali, deitado, esperando que fizessem algo por mim.

O médico veio me dar atendimento e aplicou-me uma injeção; adormeci.

Acordei com companhia ao lado. Era Leon, meu fiel escudeiro.

– Pensei que tivesse me abandonado! Mas abandonou o navio?

– Estamos voltando... vim ver se estava melhor para seguir de novo viagem.

– Prontamente! – respondi, tentando me levantar. Logo chegou a enfermeira me impedindo...

– Está fraco! – disse ela. – Teve uma recaída, quase perdeu a vida! Tem de ser obediente, é para o seu bem!

Leon, preocupado, torceu as mãos. Gesto que me lembrou Bárbara.

– Leon, meu bom amigo, as cartas que escrevi ao meu filho sumiram de minha bagagem. Agora, neste momento, devem estar rezando a missa de sétimo dia.

– Nada disso! – falou ele animado. – Elas foram enviadas por mim e acrescentei mais uma falando de sua doença e onde estava.

Apertei a mão dele agradecido, dizendo que nunca poderia pagar tanta bondade.

Ele se despediu explicando ter de ir embora; o navio zarparia e, se ele não estivesse presente, iriam sem ele.

Agradeci mais uma vez, lembrando-lhe que o endereço de minha morada ele tinha, já que enviara a correspondência a meu filho.

Ele me disse que, quando estivesse por aquelas bandas, seria um prazer ter de novo a minha companhia.

Aquele homem era diferente. Via em mim alguém que nem eu mesmo conhecia.

Era uma lástima eu não ter podido acompanhá-lo. Estava cansado, fraco e com saudades de meu filho. Ansiava por voltar para casa e para o trabalho. Eu não estava mais no isolamento, tinha várias camas ao meu redor. Agora podia entabular conversa, isso dera ânimo à minha recuperação.

Três dias depois da visita de Leon, tive uma grata surpresa. Meu filho apareceu inesperadamente, sem avisar. Veio até mim me abraçando com força. Eu fiquei emocionado.

– Pai, pensei que estivesse se divertindo, na farra, e estava aqui o tempo todo, isolado do mundo. Não fosse seu mais novo amigo, que caridosamente fez chegar às minhas mãos relatos do acontecido, nunca saberia o martírio pelo qual estava passando. Mas agora estou aqui, só vou deixá-lo quando puder me acompanhar e voltar para a casa.

– Não pode ficar a meu dispor – falei a ele. – Tem responsabilidades no Banco, se deixá-lo nas mãos dos empregados, terá problemas mais tarde. Ninguém é confiável! Ninguém pode substituí-lo fazendo o seu serviço. Prezo muito em vê-lo, mas ficarei bem, já me sinto mais forte. Tenho agora, como pode ver, companheiros de enfermaria, coisa que antes não tinha.

– Se o senhor me permite – continuou ele –, pedirei sua transferência para uma ala de melhor acomodação. Aqui as atenções são divididas. Se tiver uma enfermeira permanente, o tratamento será mais bem executado. Vim prevenido. Sabendo-lhe doente, previ os gastos.

Neguei veementemente. Eu estava bem, não queria gastos desnecessários!

Apesar de minha solicitação, meu filho permaneceu comigo. Disse que tinha alguém muito parecido com ele, que sabia dos negócios como ninguém, e era de total confiança. Ele poderia ficar comigo o tempo necessário...

E foi o que aconteceu. Três semanas depois de sua chegada, estávamos embarcando de volta para casa. Tive sorte. Fui abençoado. Meu filho era uma dádiva, que, às vezes, eu me perguntava se merecia.

Quando cheguei a casa, parecia que havia muito estava afastado. Mobílias diferentes, flores pela casa espalhadas e o piano... o piano estava reluzindo. Parecia que acordes afinados saíam dele. Eu estava maravilhado. O que estaria acontecendo? Parecia que mãos femininas tinham estado ali, arrumando tudo. Perguntei ao meu filho a razão da mudança.

– Sua volta! – ele me respondeu sorrindo. – Sua volta é o motivo de tanta alegria!

Os empregados se esmeraram.

– Deixei ordens expressas que, quando aqui chegasse, queria encontrar a casa florida e já arrumada com os móveis encomendados por mim.

Ele tinha razão. As flores deram um encanto especial a casa. Fizeram-me lembrar da minha festa de noivado. Enchi a casa de Bárbara de flores, acho até que foi um pouco de exagero, mas era a alegria em desposá-la.

Meu filho me conduziu ao meu quarto e nova surpresa me esperava. Minha roupa dobrada sobre a cama, flores em vasos enfeitados, perfume no ar... parecia que minha doce Bárbara ainda permanecia ali. Fiquei tão emocionado que cambaleei. Meu filho, que vinha logo atrás me observando, amparou-me e me conduziu até a cama.

– O senhor ainda está fraco – disse ele. – Tenho recomendações de que repouso é imprescindível!

Assim, ajudou-me a trocar de roupa e logo eu estava acomodado em diversos travesseiros...

– Tem visto seus avós? – perguntei de chofre, o que lhe deixou engasgado. Depois de tossir várias vezes, ele começou um discurso e não chegava aonde eu queria.

– Tenho notícias... mando um empregado regularmente levar a quantia pelo senhor estipulada... Ele me traz notícias, independente da minha solicitação. Eles estão bem! Todos estão bem naquela casa. O senhor quer saber de alguém em especial?

Rapidamente me lembrei de meu amigo Leon. Era a oportunidade para recomeçar, mas me faltou coragem e mais uma vez pequei.

– Estava só preocupado com as finanças, mas sabia que não iria se esquecer de enviar o dinheiro. Lógico que estão bem! Por que não estariam...

Meu filho fez menção de que ia retrucar, mas se arrependeu. Deu-me um beijo e disse que teria de ir ao Banco, tinha se afastado tempo demais... com certeza estavam precisando dele.

Disse a ele que não queria incomodá-lo, se precisasse de algo, tocaria a sineta.

Meu filho saiu e eu adormeci. Sonhei... sonhei muito... Vi-me cercado de flores e minha Bárbara comigo. Corríamos pela relva perseguidos pelas flores que caíam à nossa passagem. De repente, tudo escurecia. Um choro de criança e todas as flores morriam. A figura de Bárbara tristonha se afastando, independente de meu pedido para que ficasse comigo. Eu acordava assustado com o pijama ensopado de suor e tremores nas mãos; pegava a sineta e a sacudia até ser atendido.

Por causa desses sonhos, voltei à maldita bebida.

No primeiro dia que pude caminhar um pouco, com ordens médicas, comprei uma garrafa daquele líquido que quase acabara com minha vida. Um pouco só, eu pensava. Só a usarei quando não conseguir dormir. E assim comecei, aos poucos, até estar consumindo a garrafa toda. Meu filho tentou falar comigo, mas eu não tinha condições de escutá-lo e ele passou a me ignorar.

Eu, deitado, ouvia suas passadas, esperava que ele entrasse no quarto, e nada! O silêncio se fazia quando a porta de seu quarto se fechava. De manhã cedo, o mesmo se repetia.

Eu, já acordado, ansiava pela sua figura entrando no quarto, mas nada! Escutava-o descendo as escadas e logo voltava o silêncio. Meu filho não entendia por que, apesar de toda a dedicação que ele tinha para comigo, eu ainda me entregava à bebida. Comecei a sair à noite e a rotina antiga voltou como se nada tivesse acontecido. Parecia que eu, do sofrimento que passara, esquecera.

Passei a chegar de madrugada, às vezes nem o quarto alcançava. Ia direto ao piano, sentava-me, debruçando-me sobre ele, e ali adormecia. Bem cedo, um empregado vinha ao meu auxílio e me ajudava a subir ao meu quarto.

Minha filha! Que saudades tinha dela. Não soube entendê-la. Não fui um pai presente, e agora meu filho também se afastava de mim. Quanto tempo perdido!

Na minha ignorância, esqueci-me dos meus pedidos de outrora... Uma família constituída e filhos que povoassem minha casa. Eu já estava com idade avançada. O peso dela já se fazia nos meus caminhos mal traçados. Cada dia mais eu bebia, nem parecia aquela figura altiva de um banqueiro afortunado.

Certa tarde fui caminhar ainda sóbrio. Como das outras vezes, sem me dar conta, parei diante da casa de meus sogros. Fiquei ali encostado ao poste, esperando que, de repente, aparecesse alguém. O destino poderia ser meu aliado. Poderia me dar a chance de ver quem havia afastado da minha vida. Mas não! Nada acontecia...

A casa estava silenciosa, como se não houvesse moradores.

Meu estômago doía, minha barriga roncava. Foi quando lembrei que não colocava alimento em minha boca havia muito. Dirigi-me ao antigo restaurante. Aquele em que era bem atendido, o local de muitas lembranças queridas. Fui caminhando até lá, pois deixara o carro afastado.

Entrei e, olhando para os lados, como se estivesse procurando alguém, sentei-me e pedi um café amargo ao garçom, pois precisava estar desperto. Pensava ir ao Banco falar com meu filho. Estava absorto, deglutindo o que seria minha primeira refeição, quando, olhando pela vidraça, vi alguém muito parecida com Bárbara. Os cabelos emolduravam o rosto e a tez muito alva, a boca pintada de vermelho, davam-lhe aquele ar de boneca, que eu já tinha visto um dia.

Ela colocava a mão acima dos olhos e tentava ver através da vidraça, decerto, alguém por ela esperado.

Meu coração bateu rápido! Quem seria a tal mocinha? Retirei uma cédula do bolso e coloquei-a sobre a mesa. Peguei minha bengala e meu chapéu e saí apressadamente. Quando cheguei onde ela deveria estar, nada, havia desaparecido!

Fiquei frustrado. Onde teria ido tão linda figura?

Já que havia encurtado meu desjejum, fui encontrar com meu filho. Quando cheguei ao Banco, senti os olhos em mim grudados. Parecia que eu era um desconhecido... cumprimentei a todos e fui direto ao gabinete, onde, decerto, estaria meu filho. Um empregado por mim desconhecido interceptou-me à porta.

– Senhor! Tem permissão para entrar? – As ordens recebidas eram para que ninguém entrasse. – O patrão está ocupadíssimo... tem uma dama falando com ele. Assunto importante, creio eu... – E, assim dizendo, o rapaz me pegou pelo braço, fazendo menção de que iria me tirar dali.

Levantei a bengala e o ameacei...

– Sabe com quem está falando? Atrevimento seu pegar pelo braço seu empregador! Aliás... era! Está demitido! Como ousa interpelar o dono desta joça? Não me tem respeito! Não sou parecido com a figura estampada no gabinete, acima da cadeira, centralizada na parede?

Todos pararam os afazeres e ficaram boquiabertos...

Havia muito eu não ia ao Banco, mas no recinto tinha vários dos meus antigos empregados... um deles se adiantou e veio até mim.

– Senhor, mil desculpas... O rapaz equivocou-se... as ordens recebidas, decerto, não se estendem ao senhor! Vou avisar seu filho de sua chegada!

– Não precisa! – disse ao homem rispidamente. – Eu conheço o caminho e, como pode ver, a porta está ao meu alcance. Volte ao trabalho... aceito as desculpas...

O homem continuava parado, como se quisesse me falar alguma coisa.

Seu suspensório, sua camisa engomada, destoavam do estado de minha roupa. Ele continuava ali parado entre mim e a porta. Afastei-o e girei a maçaneta. Assim que entrei, meu filho deu um grito de espanto.

– Pai! O senhor aqui!...

– Onde deveria estar? – questionei. – Este não é um local de trabalho? Vim visitá-lo... há muito não conversamos!

A moça estava de costas, observando a janela. Então, dei-me conta da minha imprudência... Pedi desculpas ao meu filho e fui me retirando, mas, de imediato, voltei. Aqueles cabelos louros cacheados... aquela figura delicada, mesmo estando de costas, já era minha conhecida... Caminhei até ela, mas meu filho me interceptou.

– Pai, por favor! Tenho um assunto reservado com esta dama! Se não for indelicado de minha parte, pediria que nos deixasse a sós. Vou para casa almoçar. Espere-me, almoçaremos juntos.

E, assim dizendo, colocou a mão em minhas costas, conduzindo-me até a porta. Eu ainda tentava virar a cabeça para observar melhor a dama, mas ele bloqueou totalmente minha visão.

Meu filho agira de forma esquisita, seu comportamento fora deplorável. Só depois é que me dei conta disso. Ele poderia ter me apresentado àquela dama, que, se fosse cliente do Banco, seria de meu interesse. Se fosse uma conquista, também gostaria de conhecê-la... saí do Banco apressado, mas, indicando minha bengala para o rapaz que foi atrevido, falei:

– Está despedido! A partir de amanhã, não porá mais o pé aqui!

Despejei no rapaz a raiva que estava sentindo por ter sido despachado por meu filho. Saí à rua atordoado. Peguei meu carro e fui para casa. Cheguei já fazendo um alvoroço; disse que meu filho iria para casa almoçar e, às doze horas, queria o almoço servido. Fui para o meu quarto e procurei minha companheira inseparável. Com ela afoguei minhas mágoas. Com o estômago vazio... a bebida logo fez o seu efeito. Tirei o paletó e deitei-me na cama, pensando descansar um momento, e, quando servissem o almoço, eu desceria. Não faltaria à mesa.

Mas isso não aconteceu; na minha embriaguez, dormi a sono solto. Despertei e a escuridão no quarto se fazia...

Que horas seriam? Levantei-me rápido, desci a escada e escutei um serviçal perguntando-me em que poderia ser-me útil. Se queria que me preparasse um banho ou servisse meu jantar.

– Jantar!... incompetentes! Onde está meu filho? Diga-lhe que o espero em meu quarto!

– Não vai ser possível, senhor – respondeu o empregado mansamente, com medo de minha reação. – O patrãozinho ficou esperando-o por muito tempo. Fui até o seu quarto, por ordem dele, mas não consegui acordá-lo. Ele saiu aborrecido, nem fez a refeição direito.

– Não estou lhe pedindo observações! – gritei ao pobre homem. – Se tivesse de fato me chamado, nada disso teria acontecido! Leve-me uma garrafa de uísque ao quarto, de resto, nada mais preciso!

E foi assim que, de novo, fiquei acamado.

Na manhã seguinte, acordei com meu fiel empregado tentando me fazer ingerir um caldo quente.

– Estou mal? – perguntei-lhe.

– Está fraco – redarguiu ele, querendo me falar mais alguma coisa.

– Está acontecendo algo mais grave? Se não estou moribundo, algo aconteceu a meu filho! Qual a razão dessa sua cara? Diga, homem! Ou me levantarei desta cama e procurarei o motivo!

– Tem alguém querendo vê-lo! Já faz dois dias que aqui vem e o encontra adormecido.

– Está louco! Ontem mesmo estava esperando por meu filho e adormeci.

– Desculpe desdizê-lo, senhor! Mas já faz dois dias que lhe cuido nesta cama...

– Não pode ser!... Mas quem me procura? Mande-o entrar e acabe com esse mistério todo.

– Prontamente, senhor. Ele espera na antessala.

Meu empregado deixou de lado o prato que estava me servindo e foi atender o meu pedido.

Logo, a cara de espanto era minha. Quem estava parado à porta do quarto, meio sem graça, era nada mais, nada menos que meu amigo de bordo.

– Leon! Meu bom amigo... Encontra-me nas horas mais difíceis!

Ele caminhou até a cama, puxou uma cadeira e ficou calado me observando. Depois de um tempo, questionou penalizado:

– Bebeu de novo, meu amigo? Sabe que a garrafa é sua inimiga! Vai afundar-se com ela, como um navio naufragado... estou de licença de bordo e vim ver se tinha cumprido o prometido, mas, pelo que vejo, nada ocorreu de diferente. Desculpe a intromissão! Fiquei preocupado e, como tinha seu endereço pelas cartas enviadas a seu filho, quis vê-lo, estava preocupado com sua pessoa.

– Meu bom homem... Acho que só tenho você. Meu filho me abandonou. Fui vê-lo no Banco, mas ele não deu muita importância. Acho que ele se cansou de mim. Tenho dado muito trabalho desde aquela viagem malsucedida... Ver-me no leito talvez não lhe traga boas lembranças. Mas não vamos falar de coisas remotas. Onde está hospedado?

– Meu saco de viagem encontra-se em sua sala. Fiquei perambulando sem encontrar abrigo. Apesar de a cidade ser pequena, não consegui encontrar uma pousada. Vou agora procurar um lugar indicado pelo seu empregado.

– De jeito nenhum! Já está abrigado!

Toquei a campainha com força, fazendo o som estridente percorrer toda a casa. Logo chegou meu serviçal e lhe dei ordens para que acomodasse Leon.

– Vá! – disse a ele. – Logo estaremos juntos. Vou me aprontar e sairei dessa malfadada cama!

Ele apertou minha mão e foi embora sorrindo. Que bom, a chegada dele me dera ânimo. Havia tempos não tinha com quem conversar.

Pedi ajuda e logo estava descendo a escada com cuidado. Acomodei-me na poltrona e fiquei ansioso esperando-o. Leon, quando no navio conversávamos, contava-me as aventuras vividas a bordo. Não sei se eram imaginárias ou verdadeiras... mas eram fantásticas! Estava esperando-o, mas, para minha surpresa, quem apareceu foi meu filho. Estava zangado. Parecia que havia envelhecido... a testa franzida e a expressão fechada.

– Pai, vim para conversarmos. – E, deixando de lado o chapéu, foi continuando sem mesmo me fazer um agrado.

– A situação está ficando perigosa e o senhor parece não se dar conta. Ignora as ordens médicas. Voltou a beber como se fosse imprescindível... Não sei mais o que fazer! Parece alguém sem rumo certo e não um chefe de família conceituado, por ter plantado bem suas raízes!

Fiquei olhando meu filho falar e parecia que não estava falando de mim. Ele continuou:

– O senhor foi ao Banco e demitiu um empregado que estava cumprindo minhas ordens. Não posso passar por cima de suas ordens, seria desmoralizante, mas o senhor, na sua imprudência, deixou um rapaz arrimo de família desempregado!

– Excedi-me. Desculpe! Fiquei indignado quando fui detido pelo rapazola, que não se deu conta de quem eu era. Mas já passou. Dê uma boa desculpa, que nós banqueiros nisso somos experientes, e traga-o de volta. – Assim, meu filho relaxou deixando cair os ombros e concordou comigo.

– O senhor tem razão. Contornarei a situação, mas isso é só parte dos problemas. Não pode ficar por aí bebendo e dirigindo. É uma irresponsabilidade! Tenho tanto orgulho do senhor, mas, se continuar por esse caminho, acabará jogando o nome que tanto preza na lama!

Fiquei indignado! Como ele ousava falar daquele jeito comigo? Os serviçais poderiam escutar e perder o respeito para comigo.

– Não lhe dou o direito de falar assim! É um fedelho ainda! Quem pensa que é? Um banqueiro abastado, com sobrenome ilustre, mesmo que falido por parte de sua mãe! Tudo o que tem foi plantado por mim! Exijo respeito!

– Se continuar assim, pai, o que está exigindo será impossível!

E, assim falando, pegou seu chapéu, enterrou-o na cabeça e saiu batendo a porta. Nem me deu tempo de dizer que tínhamos um hóspede. Na sua fúria, saiu antes mesmo de ter chegado.

Eu fiquei amuado. Como ele podia falar daquele jeito comigo? Eu era seu pai, senhor de todas as palavras naquela casa, ou isso já não acontecia? Será que, fora o Banco, minha presença ali não queria dizer nada? Meu filho estava ficando prepotente, acho que havia lhe dado autoridade demais.

Estava absorto em meus pensamentos quando alguém tossiu.

– Leon! Aproxime-se e tome assento. Escutou a conversa que tive com meu filho?

– Não. Entrei neste momento. Nem sabia que seu filho estava em casa.

– Não está mais. Chegou e saiu como o vento. Ele está aborrecido. Acho que está preocupado com minha saúde. Mas deixemos isso de lado, pois estou ansioso para saber de suas andanças.

Leon sentou-se e começou a narrar os últimos acontecimentos a bordo.

Uma mocinha contrariada pelos pais tentara se jogar ao mar, mas, graças à intervenção dele, ela não conseguira seu intento. E ele contava outras histórias que me deixavam enlevado. Fizemos a refeição sem a presença de meu filho e continuamos nossa conversa até bem tarde. Ele era tudo o que eu precisava para acabar com a minha solidão.

Quando ao quarto me recolhi, sempre acompanhado por ele, olhei aquela garrafa mal escondida e tive ímpetos de pegá-la. Não sei se foi meu filho ou a presença de Leon que me fez ignorá-la.

Fora um dia diferente. Leon naquela casa me transmitia um bem-estar que havia muito não sentia. De manhã, nova surpresa. Antes mesmo de descer, meu amigo estava à minha porta com a bandeja de meu desjejum.

– Meu amigo, isso é trabalho de serviçal! Aqui você é hóspede, e de mais a mais eu iria descer para lhe fazer companhia, mas agradeço a gentileza e não vou me fazer de rogado. Conversaremos um pouco aqui no meu quarto. Já fez sua primeira refeição? Ou veio me servir de barriga vazia?

Leon, após rir e esfregar a barriga, disse:

– Quanto mais tarde for, mais fome terei. Pela mesa que vi posta e pelas pessoas que habitam esta casa, é preciso muito apetite para provar tudo que tem ali.

– Meu bom amigo, que bom, me faz rir nas primeiras horas da manhã! Senti sua falta! Mas, acomode-se, depois será minha vez de lhe fazer companhia.

Quando acabamos o desjejum, fomos à rua caminhar um pouco. O ar da manhã sem efeito do álcool era renovador.

Enquanto caminhávamos, falei-lhe da casa bancária, dos títulos protestados e dos ganhos vultosos que tínhamos. Contei-lhe com pormenores o que se dera com meu sogro e como eu possuía as promissórias não pagas daquela casa onde ainda viviam.

Falei-lhe da mesada que lhe mandava, que era mais do que suficiente para criarem Elisa.

Leon encheu-me de perguntas, queria saber quantos empregados havia no Banco, os horários mantidos pelo meu filho e a segurança do Banco. Ele era uma pessoa interessada e gostava de detalhes.

Disse querer conhecer meu filho e se não seria bom ir até ele, fazer-lhe uma visita, já que ele estava preocupado. Neguei veementemente. A última vez que lá estivera fora desagradável. Ele insistiu, disse que gostaria de conhecer meu filho e se sentia um intruso na casa, e que parecia que dele se escondia.

Não entendi direito a justificativa para tal intento, mas ele era meu amigo e não gostaria de contrariá-lo. Fizemos o que ele pediu e nos encaminhamos para lá.

Fomos de carro. Havia muito eu não dirigia, ainda me sentia meio fraco, mas isso não foi obstáculo. Leon prontamente se ofereceu dizendo ser um ótimo condutor.

Quando chegamos ao Banco, qual não foi minha surpresa quando, de novo, encontrei a moça que havia visto da outra vez. Agora ela estava falando com um dos funcionários como se tivesse muita intimidade. Eu só a via de costas e a semelhança com minha Bárbara era incrível. Aqueles cabelos dourados, o modo como gesticulava, a silhueta... a semelhança, mesmo que de costas, era impressionante! Ia me dirigir a ela, mas fui puxado por Leon.

– Aonde vai?

Senti meu braço preso à mão de Leon, um gesto que chegou a me causar dores. Fiquei sem reação; a ação descontrolada de meu amigo me assustou um pouco.

– Vamos – disse a ele. – Só ia tirar uma impressão de alguém que muito vejo, mas não consigo conhecer.

Dirigi-me ao gabinete de meu filho e, desta vez, não fui interpelado por ninguém. Bati levemente à porta e entrei. Meu filho estava sentado, quase escondido entre pilhas de papéis. Continuou de cabeça baixa, com certeza pensando ser um dos seus funcionários.

– Meu filho! Desculpe a intromissão, venho lhe apresentar um amigo, hóspede de nossa casa e que fez contato com você pelas cartas. – Meu filho levantou a cabeça e, olhando quem me acompanhava, levantou-se rápido e veio nos cumprimentar.

– Desculpe. Estava tão atarefado que me distraí. Que bom que vieram. É uma ótima oportunidade para agradecer o carinho que tem por meu pai. – E, assim dizendo, esticou a mão e apertou efusivamente a de Leon.

– Não fiz nada que não fosse do meu agrado. Seu pai é uma pessoa carismática e ficamos amigos nas longas conversas que travamos. Pedi ao seu pai para conhecê-lo. Suas virtudes são muito exaltadas por ele. Quem tem um filho tão dedicado só pode ser ótima pessoa.

Todos rimos. Agradeci e fiz as pazes com meu filho. Ele se desdobrou em atenção. Levou meu amigo para conhecer todas as dependências, apresentou-o aos antigos funcionários e depois saímos para almoçar.

Quando cheguei ao saguão acompanhando meu filho, corri os olhos para ver se ali ainda se encontrava minha figura fugitiva, mas nada! Havia evaporado. Tentei falar sobre a moça ao meu filho, mas ele ignorou e, conversando com Leon, não me deu chance de continuar o assunto.

Ele estava impressionado. Fazia muitas perguntas, às quais meu filho, com a delicadeza que lhe era peculiar, respondia com explicações minuciosas.

6 | Rumo às mudanças

A cidade era rodeada de fazendas, fazendeiros riquíssimos, donos de enormes manadas. Quase todas as transações eram feitas no Banco, e isso fazia movimento diário. A cidade, que era pequena, crescera muito naqueles anos de minha estada ali.

Não eram tantos habitantes, mas, nos arredores, multiplicavam-se as habitações, aumentando o movimento da cidade. Minha casa era quase isolada, tamanha sua extensão. Eu nunca fizera questão de ter contato com os vizinhos. Tinha meu próprio mundo e achava que ninguém era bom suficiente para fazer parte de minhas relações. Antes de o meu filho assumir meu lugar, eu ainda tinha contato com homens de negócios. Era obrigado a ir a almoços e jantares, mas parava por aí. Nunca levara esses contatos para minha casa, e meu filho, pelo visto, seguira meu caminho.

A casa bancária era o centro de todas as negociações. Sabia que, cada vez mais, nossa fortuna se ampliava. Éramos proprietários de quase todas as casas dos arredores; muitas das lojas que abasteciam as fazendas eram de nossa propriedade. Só não negociávamos gado, a não ser de algum fazendeiro que não conseguisse saldar o empréstimo do Banco.

Eu me sentia superior a toda aquela gente. Tinha meu império e isso fora conseguido a muito custo.

Leon era uma exceção. Estava lá quando mais precisara e se tornara quase um herói para mim. Dei a ele intimidade que, ao longo de minha vida, nunca tinha dado a ninguém. Ele era uma pessoa especial e, prova disso, ali estava a se preocupar comigo. O almoço foi descontraído; meu filho lhe perguntava sobre as viagens, e Leon, como fazia comigo, contava-lhe aquelas histórias surpreendentes que só ele sabia. Eu estava feliz, como havia muito não me sentia. Voltei para a casa com o meu amigo, deixando meu filho na casa bancária. Quando chegamos a casa e nos sentamos para conversar, Leon parecia preocupado.

– Não acha que seu filho trabalha demais? Achei seu semblante marcado, apesar de sua pouca idade. Ele não tira férias? Não viaja?

As perguntas de meu amigo me surpreenderam. Quando largara tudo nas mãos de meu filho, não me dera conta disso, pois, quando eu estava diante dos negócios, nunca soubera o que eram dias sem trabalho. Achava que teria de ampliar meus negócios e o tempo era precioso, não parava nunca. Nos fins de semana, que seriam para descansar, fazia os contatos necessários para o começo da semana.

– No mundo dos negócios, férias é coisa de quem não quer progredir – falei a Leon.

– Ele não tem ninguém que o substitua? Quando foi ter consigo no hospital, não teve quem cuidasse dos negócios?

Essa era uma coisa em que eu não havia pensado. Realmente... Quem teria ficado encarregado dos negócios? A quem meu filho entregara o cargo de tanta confiança?

– Sua pergunta veio a propósito. Isso é uma coisa que gostaria de saber de meu filho. Mas... quando parte? Não que não tenha gosto de tê-lo aqui, porém sei dos seus compromissos e gostaria que sua estada aqui fosse longa.

– Na verdade, meu amigo, estava pensando em firmar âncoras. Estou cansado de viajar de um lado para o outro. A idade está chegando e não tenho família constituída. Nessas viagens, conheci muitas moças, mas não pude dar atenção a nenhuma delas. Se assim continuar, viverei como um velho marujo que temos no navio. Vive contando suas andanças e, em suas narrativas, acaba dormindo. Muitas vezes, coloquei-lhe uma manta em cima, deixando-o dormir no tombadilho. Não quero uma velhice igual à dele. Apesar dos muitos amigos que tem a bordo, é um homem solitário. Nas festas natalinas escreve vários cartões e deixa-os no primeiro porto. Quando a viagem está avançada, nas primeiras paradas eis que ele recebe de volta os tais cartões, como se para ele alguém os tivesse mandado. É um viver solitário, não quero isso para mim. Esse é um dos motivos pelos quais estou aqui. O principal foi minha preocupação com o seu estado, e o outro é para ver se trabalho nesta cidade com você. Para me estabelecer em definitivo, gostaria de pedir sua ajuda. O senhor é homem conhecido, respeitado, e sua palavra, com certeza, será porta aberta para um futuro melhor.

– Não acredito que esteja falando a verdade! Deixará essa vida de aventuras e fincará seus pés em terra firme? Está louco! Vai se arrepender em pouco tempo!

– Graças a Deus, esse medo eu não tenho. Foi uma atitude muito pensada por mim. Ela estava adormecida e, quando cheguei a esta cidade, senti que viveria novas aventuras aqui. Diferentes, eu sei, mas a vida em si é uma grande viagem de aventuras mil. Tenho de regressar ao navio, pedir minha dispensa e pegar as poucas coisas que fazem parte de minha bagagem. Tenho guardado dinheiro. Com sua orientação, talvez dê para comprar uma simples habitação. Venho para esta cidade no escuro, mas, como o senhor é parte dela, deve saber conhecer cada milímetro!

– Estou estupefato! Ainda acho que vai se arrepender. Acordar todos os dias no mesmo local, com horizonte definido, não me parece o seu viver. Mas, se quer a minha ajuda, é para isso que existem os amigos. Quanto ao trabalho, veremos o que podemos arranjar. Marujo em terra firme, sem máquinas com que lidar, sem timão... talvez seja difícil lhe conseguir um trabalho.

– Não é tudo o que sei fazer. A contabilidade do navio, que incluía despesas, salários, gastos com peças, compras em paradas no porto, era toda por mim anotada. Eu, por ser um dos mais antigos naquele navio, apesar de não ter tanta idade, era por todos respeitado, de confiança. Dividia meu tempo entre máquinas e números. Sempre fui muito elogiado pelo capitão. Não quero aqui tecer meus méritos, mas, se lhe peço ajuda, tem de saber de minha honestidade. Quando o navio aportar, poderemos falar com o capitão, que é um homem estranho, mas de bom coração. Ele já sabe dos meus planos e concorda comigo. Visitei muitas cidades, mas nenhuma me prendeu a atenção como esta. Devo ter mais uns três dias de espera e tudo resolverei.

– Está certo! Falarei com meu filho. Vou ajudá-lo a fincar suas raízes. Enquanto não se der o achado, continuará como hóspede desta casa. Agora, vou descansar um pouco. Esteja à vontade; se precisar de algo, é só chamar os empregados.

Subi as escadas um pouco cansado, ainda não estava completamente restabelecido.

Leon era um bom homem, se estava precisando de ajuda, com certeza eu iria ajudá-lo.

Cheguei ao meu quarto, nem a roupa tirei, estatelei--me na poltrona e fiquei pensando na melhor maneira de ajudá-lo a se estabelecer na cidade.

Se entendia de contas, meu filho poderia arranjar uma colocação para ele no Banco. Poderia, não! Lembrei--me do empregado espevitado que me barrara à entrada do gabinete. Ele que fosse dispensado! Daria vaga a quem realmente precisava.

Com esses pensamentos, adormeci. Acordei com meu fiel empregado me cutucando levemente, dizendo que a refeição estava posta.

– Refeição! – exclamei de pronto. – Acabei de almoçar com Leon e meu filho.

– Senhor, os dois o estão esperando na sala de jantar. Já se faz tarde. Estão há meia hora conversando.

Então me dei conta da luz do abajur acesa. Dormira a sono solto, a caminhada me fizera bem. Pedi ajuda ao meu fiel escudeiro, tomei uma chuveirada, arrumei-me com esmero e desci animado. A conversa corria solta, nem perceberam minha chegada. Leon dizia ao meu filho:

– Seu pai está afastado do trabalho... vive isolado nesta casa, sem ninguém que o escute de fato. A bebida é um vício maldito, companheiro de solidão. Devia ocupá-lo, trazer para esta casa alguns serviços que não foram terminados ao longo do dia. Consultá-lo de vez em quando, para que ele se sinta indispensável. Ele me contou sua história. Sei da filha que teve e repudiou...

Entrei na sala antes que meu amigo cometesse mais algum deslize. Pigarreei e os dois viraram a cabeça em minha direção. Meu amigo me olhou assustado e meu filho levantou-se rápido, vindo em minha direção.

– Pai! Não ouvi quando desceu a escada. Está bem? Estávamos esperando-o. Leon contava as aventuras que o senhor bem conhece.

Fingi que não escutei que falavam de mim e, cumprimentando-os, sentei-me à mesa.

– Deviam ter mandado me chamar há mais tempo. A caminhada me fez bem, mas deixou-me um pouco cansado.

Para falar a verdade, não tenho apetite, vou tomar um refresco, porque agora o que tenho é sede. – Quando descia as escadas, senti que meu estômago vazio reclamava alimento, mas a conversa dos dois me fizera perder a fome. Ficara um pouco amuado, sem querer que percebessem que eu tinha ouvido. Leon não tinha o direito de interferir na minha vida daquela maneira. Quem eu havia afastado era tabu em minha casa.

Os dois deveriam estar se perguntando se eu ouvira algo, mas, como não fizera menção de ter escutado a conversa, o assunto morreu ali.

– Vamos dar uma volta? – perguntou Leon, tentando parecer entusiasmado com a proposta.

– Hoje não! Mas a noite está estonteante com seu céu coberto de estrelas. Vá você, será bom depois de deglutir o jantar em hora tão adiantada por minha causa. Prefiro descansar em minha poltrona. Ficarei conversando com meu filho, já que não tenho oportunidade para tal.

Tomei meu refresco e pedi licença aos dois, caminhando para a outra sala.

Caminhei em direção ao piano. Quanto tempo. A vida corre como chuva em rua de ladeira. Era para Bárbara ser minha companheira por toda a minha velhice; era moça, cheia de vida, como me deixara? E minha filha? Evitavam falar de sua morte, mas a presença dela estava em cada canto. Em cima do piano, o porta-retrato colocado de lado dava visão direta das duas.

O que fizera de tão ruim para merecer tão trágico castigo?

Construíra aquela casa pensando ter uma família, com uma enorme prole. Mas me via diante do retrato das duas. Figuras inanimadas...

Sentei-me na poltrona sentindo o peso em minhas pernas e o cansaço, apesar de ter dormido a tarde inteira.

Fiquei absorto, mas ouvia ao longe a conversa de Leon e meu filho. Eram perguntas diretas e respostas evasivas... Meu filho, decerto, não queria se comprometer afirmando que o ajudaria, mas isso já era certo e ele nem sabia.

Fiquei ali sentado, tendo o piano como companhia. Pensava em minha vida e como ela estava caminhando. Agora tinha Leon e não sabia se seria bom ou ruim ter por perto esse amigo. Sentia falta da bebida. Ela era traiçoeira, mas me deixava livre das lembranças. Com meu amigo seguindo meus passos, seria difícil disfarçar o vício. Logo, meu filho entrou no ambiente com Leon, que, me tirando do silêncio com uma sonora gargalhada, disse:

– Sabe o que seu filho acabou de me dizer? Que trocaria de lugar comigo. Está cansado da mesmice do dia a dia e gostaria de viajar sem porto certo. Ele não sabe o que diz. Viajar não foi minha escolha. A vida me colocou a bordo de um navio. Sem família... sem amigos... sem profissão certa: não tive escolha, zarpei no primeiro navio em que fui aceito. Ali tinha garantido meu abrigo e meu prato de comida, e ainda ganhava o meu soldo, coisa que ao relento não ganharia.

– Fala do seu ganho como se já tivesse sido soldado – falou meu filho a ele.

Foi a primeira vez que vi Leon se atrapalhar.

– No navio tem homens com patentes, e era assim que se referiam ao nosso ganho. Mas, mudando de assunto, acha que poderei fincar aqui minha âncora? – inquiriu ele, dirigindo-se a meu filho.

– Se tem o firme propósito e certeza de que mais tarde não vai se arrepender... esta cidade, apesar de pequena, oferece grandes oportunidades, e sabe acolher bem o povo que chega.

Nessa hora, aproveitei a oportunidade e falei para o meu filho:

– Tem vaga na casa bancária? Ali seria uma oportunidade e tanto, seria mais do que meu amigo estaria esperando.

– Pai, apesar de estar afastado, de tempos em tempos coloco-o a par de tudo. Sabe que o quadro de funcionários está completo... Gostaria muito que fosse o contrário, mas verei o que posso fazer. Vou fazer contatos e logo surgirá uma oportunidade.

– Não estamos falando de oportunidade... Estamos falando de um pedido meu, se é que você não entendeu! Tem funcionários que podem ser dispensados e assim terá a tal vaga.

– Não é tão fácil, pai! Tenho um quadro excelente, ótimos funcionários... Não poderei dispensá-los apenas por ser ordem sua!

– Está sendo audacioso, arrogante, mal-educado! Esquece quem de fato é o dono de tudo aquilo! O chão que você pisa foi feito com o suor do meu rosto e não do seu! Quando começou a trabalhar, já tinha quem lhe secasse o suor!

Meu filho pegou o molho de chaves da casa bancária e jogou aos meus pés.

– Está no seu direito! De fato, não construí nada! Sou um oportunista! Esses anos todos trabalhando ao seu lado não valeram de nada! Pena que o senhor pense assim... Mas estou indo embora. Vou seguir meu caminho e ver se construo algo com as minhas próprias mãos!

E, assim dizendo, retirou-se subindo rapidamente as escadas e voltando com uma maleta – decerto, cheia de roupas.

E, pela minha estupidez, coloquei para fora de minha vida meu terceiro filho. Havia feito um pedido a Deus e sido atendido, mas fora perdendo-o aos poucos, por minha exclusiva culpa.

Fiquei indignado. Achava que a razão era toda minha, atrevido era aquele rapaz, que pensava saber tudo da vida. Mas fora eu que tudo lhe facilitara.

Leon estava calado; fizera menção de se retirar, mas pedi que ficasse, precisávamos conversar.

– Sabe, não tenho nenhum valor para meu filho. Assumindo meu lugar, esqueceu quem dá as ordens aqui. Mas o farei ver que, apesar da minha idade, ainda posso controlar tudo. Conto com sua ajuda. Amanhã mesmo começaremos a trabalhar. Tenho certeza de que posso confiar em você.

– Eu agradeço muito – disse. – Mas não quero ser motivo de desunião. Tenho apreço por seu filho e creio que ele ao senhor... Amanhã tudo será diferente. Ele é seu braço direito. Esqueceu que, quando se deu o acontecimento longe desta cidade, assim que soube, ele correu para ajudá-lo? Não devem se magoar. Seguirei meu caminho... Existem outras cidades, algumas até parecidas com esta. O que me propus, com certeza farei. De fato, estou cansado de viagens, mas não serei a causa de separação de ninguém. É melhor o senhor reconsiderar e procurar seu filho. Lembre-se: precisa recuperar o que perdeu há anos e não perder mais um por palavras ditas sem pensar. Ele é um bom filho, não o deixe se afastar. Agora, se me permite, vou me recolher. Amanhã o navio chega, tenho de estar a bordo ou dirão que o abandonei. Agradeço a hospedagem e também por defender minha causa, mas seria injusto eu tomar o lugar de alguém que não merece ser despedido de seu posto.

E, assim falando, estendeu a mão e apertou a minha calorosamente. Ele foi se afastando e eu continuei ali, mudo, estático. Não me dera conta de que meu filho havia ido embora. Fiquei sentado observando o piano, e o cansaço e a idade fizeram, apesar do acontecido, com que eu cochilasse. O som do piano parecia me ninar; minha doce Bárbara, com seu delicado lencinho, acenava, mas seu semblante estava triste e ela me falava algo que eu não compreendia. Despertei quase caindo da poltrona, quando fiz um gesto brusco para alcançá-la.

Fiquei angustiado; só então me dei conta do molho de chaves aos meus pés. Onde meu filho teria ido? De casa nunca se afastara. O que fizera! Teria de achá-lo. Levantei meio trôpego, peguei as chaves, guardei-as no bolso, peguei meus apetrechos e fui em busca de meu filho. Ele não poderia estar falando sério... Era meu varão, meu orgulho. Fora um ato impensado, do qual, com certeza, já estava arrependido. Apesar da hora adiantada, fui perambular pelas ruas para ver se o encontrava. Poderia estar por ali, nas proximidades, esperando que eu fosse alcançá-lo... as ruas estavam escuras... A lua, meio escondida, não ajudava com sua claridade. Eu parava de esquina em esquina e nem sombra de meu filho. Já estava cansado quando avistei um bar. Quem sabe não estaria ali? Apesar de não tolerar a bebida, ali teria um abrigo. Inconscientemente, essa era a desculpa que eu dava para entrar no lugar de meu vício.

Perguntei se o tinham visto. Ninguém se encaixava na descrição dada por mim. Sentei-me a um canto e pedi a bebida. Se não o achava, afogaria minhas mágoas ali...

Pedi uma, duas, três garrafas...

O moço, educadamente, solicitou que eu me retirasse, pois o adiantado da hora poderia prejudicar seu estabelecimento. Ajeitei minhas coisas, paguei mais do que devia, comprei mais duas garrafas e fui buscar meu filho. Agora, sem muita firmeza, as vistas um pouco embaçadas, sem equilíbrio certo, acabei caindo na calçada. Alguém veio em minha ajuda; decerto, conhecia-me... Eu, um banqueiro abastado, caído na rua sem eira nem beira.

Quem me levantou continuou me conduzindo e, quando dei por mim, estava à porta de minha casa.

Senti que me pegavam pelo braço e logo estava subindo as escadas. Fui colocado na cama e nem agradeci. Estava entorpecido... a bebida acabara comigo.

Foi uma longa noite. Sonhei com minha filha e ela me pedia ajuda, esticava seus braços e, em sua mão, carregava uma garrafa de bebida; logo a estourava e sacudia a cabeça como se negasse o acontecido. O que não entendi era que a ajuda não era para ela... era para um pobre homem que se desviara de seu caminho.

7 | Um novo amanhecer

No dia seguinte, Leon estava ao meu lado. Estranhei ao vê-lo.

– Não partiu, meu amigo? Por acaso seu navio não aportou?

– Não poderia ir agora. Um amigo está precisando de ajuda. Pedi que um mensageiro fosse até lá e marquei outra data para o embarque. Os anos que passei a bordo dão-me o direito a essa liberdade, mas agora vamos recostar um pouco... trouxe seu desjejum.

Assim, ajudou a me recostar na cama apoiado em meus travesseiros.

– Fui procurá-lo, Leon. Procurei por toda a parte, mas não o achei. Sinto que o perdi, mas não era isso que eu queria. Por favor! Ajude-me a achá-lo. Vá até a casa bancária e veja se ele foi trabalhar. Não acredito que as chaves que me deu sejam as únicas. Por garantia, teria de ter outras...

– Não será preciso procurá-lo; ele está lá embaixo, quer lhe falar, mas só se desejar.

Tremi, senti-me inseguro, tinha medo do que ele poderia me falar. Se fosse a confirmação de que não voltaria mais para casa, eu não iria aguentar.

Fechei os olhos e orei. Quanto tempo não o fazia, mas o desespero, a sequência de perdas, mostraram-me o caminho. Acabei de orar e disse quase automaticamente para Leon:

– Peça que suba, espero-o ansiosamente.

Logo, ele estava ali parado, como se fosse um estranho na casa.

– Entre, acomode-se, está parecendo um pássaro estranhando seu ninho. É sua casa, não precisa de permissão para vir ao meu quarto.

– Não moro mais aqui, lembra? Parti ontem e só voltei por preocupar-me consigo. Falaram-me de sua queda, e como chegou até em casa. Sei também que me procurava e me senti culpado.

Aquele homem ali parado, pronunciando aquelas palavras, que, com certeza, eram difíceis de serem ditas, emocionou-me.

Comecei a sentir um aperto no peito e o ar me faltava. Meu filho correu em meu socorro, auxiliando-me, fazendo com que me levantasse e fosse até a janela.

– Respire, pai! Ar puro, é disso que precisa. Seu pulmão precisa ser oxigenado, a bebida o maltrata; se continuar com esse maldito vício, estará com sua vida acabada!

Nem escutei bem suas palavras... estava agoniado... fiz sinal de que queria voltar ao leito e começamos a conversar. Meu filho era todo atenção.

Dizia que me amava, mas não poderia concordar com injustiças. Quando lhe entregara a direção da casa bancária, sempre tentara ser mais que um patrão. Em cada funcionário, tinha um amigo. Despedi-los, só por um motivo justo.

– Filho, eu me excedi. Na ânsia de uma colocação para Leon, esqueci que você era o responsável pela casa Bancária. Eu, afastado, não teria o direito de interferir no que quer que fosse. Fui procurá-lo... queria me redimir. Por favor, não vá embora desta casa! Tudo o que tenho é seu. Se for, que sentido terá minha vida? Desculpe este velho ignorante, que tanto já levou da vida, mas nada aprendeu.

Meu filho me abraçou e, assim, com ele em meus braços, tive certeza de que, se de fato ele fosse embora, eu sucumbiria.

Ele se afastou dizendo:

– Já falei ao seu amigo; preciso de alguém que faça contatos fora do Banco, com os fazendeiros, para ser mais exato. Quando não aparecem para fazer o pagamento, tenho de procurá-los, e isso toma muito meu tempo. Leon é falante, bem-apessoado, servirá para o cargo. Se ele aceitar, é claro!

– Obrigado, meu filho. É generoso, ainda bem que nem tudo de mim aprendeu. Puxou sua mãe, é doce como ela. Inteligente, sabe o momento de ceder, mesmo lhe custando algumas lágrimas. E olhe que comigo foram tantas... e eu não aprendi nada!

– Esqueça isso por ora – disse meu filho, passando a mão em meus cabelos. – Tem de prometer que não fará mais uso da bebida, ela vai levá-lo para um buraco sem fim. Não conheço ninguém que fez uso dela e se deu bem. Sua saúde está precária, sabe disso!

– Prometo-lhe, meu filho, vou me afastar dos bares e não tomarei mais nenhum gole.

– Não tem de prometer a mim, pai. O senhor ainda é responsável pelos seus atos, prometa a si mesmo!

Então, eu me calei. Ele tinha razão, tantas vezes havia prometido e não cumprido... Meu filho me fez um aceno e saiu do quarto.

– Filho! Não falou que ficará!

– Não o deixaria, pai. Foi só um momento de raiva, que não deveria ter acontecido. Tenho de escutá-lo e calar-me. É meu pai. Certo ou errado, tenho de ter paciência para ouvi-lo e depois, sim, discordar, fazendo-o entender o meu ponto de vista. Mas isso é passado, foi ontem, hoje é um novo dia, e cheio de trabalho. Fique com Deus e se alimente, vejo que Leon já trouxe seu desjejum.

E, assim falando, ele foi embora. De fato, era como a mãe. Fiquei ali pensando se o merecia. Eu era injusto e não media as palavras. Estava cansado, a noite anterior acabara com minhas forças. Tentei me levantar, mas não consegui. Toquei a sineta e meu fiel empregado apareceu.

Perguntei por Leon e soube que havia saído com meu filho. Dei um sorriso e agradeci. Ajeitando-me nas cobertas, adormeci.

Sonhei com Bárbara e seu lencinho perfumado... Ela me falava e eu não entendia... Só muito depois fui entender. Mas, antes, sofri muito e fiz outros sofrerem.

Uma semana se passou desde o episódio em que pensei ter perdido meu filho. Por algum tempo fiquei longe da garrafa, mas, aos poucos... de gole em gole, voltei à velha rotina. Leon começou a trabalhar com meu filho, mas três dias depois teve de ir ter com o comandante para acertar sua vida. Ficar na cidade era o que ele mais desejava e nada poderia impedi-lo; já estava arranjado. Comecei a procurar uma casa pequena, mas agradável. Peguei com meu filho a lista de imóveis desocupados e fui avaliá-los. Tinha um perto da casa de meus sogros, teria obrigatoriamente de passar por lá. Quantas lembranças... Estacionei o carro e fiquei parado diante da casa sem nem mesmo saber por quê. Eu abrira mão de um bem precioso, mas nunca o esquecera.

Fiquei ali parado quando a porta da casa se abriu e deu passagem a uma linda moça. Bárbara! Minha Bárbara! E, mais do que um pensamento, o nome ecoou alto e forte. Senti uma vertigem e me apoiei no poste. Alguém que por ali passava me acudiu, amparando-me e me fazendo sentar à beira da calçada.

– Por favor! – pedi a quem me ajudava. – Chame a mocinha da casa em frente, preciso lhe falar! Seu nome é Bárbara. Diga que quem a está esperando é Marco Antonio, seu esposo.

O homem largou meu braço e atravessou a rua atendendo o meu pedido.

Uma senhora bem idosa... que eu já conhecia, apesar dos anos passados, veio atendê-lo. Logo ele voltou dizendo que eu estava enganado:

– Bárbara há muito tempo se foi daqui, foi o que disse a senhora que me atendeu. Sinto muitíssimo! Quer que o leve em casa?

Agradeci ao homem e pedi que me ajudasse a chegar até o carro. Eu não estava bem... e não tinha bebido ainda nenhuma gota. Cheguei a casa nem sei como. Fiquei buzinando no portão, pois havia chegado ao meu limite. Os empregados vieram, todos apavorados, pois eu nunca havia agido daquela forma. Logo que eu chegava ao portão, saltava do carro e um empregado conduzia o automóvel até a garagem. Ver-me ali, debruçado ao volante, era sinal de que algo de anormal havia acontecido. Ajudaram-me a sair do carro e fui caminhando devagar até o meu quarto. Muitas aventuras... Quem dera que fosse. Mas, se meu filho me visse, diria: muitas diabruras. Ele não queria que eu fosse sozinho ver as casas, queria que esperasse por Leon, até porque, como ele dizia, teria de ser do agrado de meu amigo. Mas eu só queria avaliá-las, saber se o preço era justo para poder ajudá-lo; porém não me dera bem no meu intuito. A aparição de Bárbara deixara-me confuso, doente.

Será que estava variando? Como podia ser minha esposa se ela estava morta? Não era uma visão, disso eu tinha certeza. Será que era alguém muito parecida... Mas não! Não era parecida, era exatamente igual.

Eu não tinha amigos, mas, nos comentários do Banco, ficava sabendo de muitas coisas, e uma delas era que havia uma velha que conversava com os espíritos, lá para as bandas das fazendas. Eu nunca me interessara de fato, não acreditava em mortos-vivos, mas, agora, vendo Bárbara quase constantemente... era preciso achar essa mulher. Não teria indicação de ninguém, mas seria fácil achá-la. Na época, falavam que morava sozinha num pedacinho de terra dado a ela por um fazendeiro. Ali, construíra sua habitação. Era uma casa diferente, como diziam: sem cercas, sem janelas, só duas portas enormes. Quarto não havia, só um salão onde tinha um altar ao pé do qual orava. Isso era muito comentado, muitos a procuravam, mas diziam que tinham sabido detalhes por outrem.

Bruxa, feiticeira, senhora bondosa, iluminada – era como a chamavam. Eu não sabia seu nome, mas iria achá-la, com certeza, e, assim, adormeci. Despertei com meu filho ao meu lado, testa franzida, marcas de preocupação.

– Pai, não falei que deixasse, que iria ver isso com Leon? O senhor ainda está se recuperando... é teimoso. Sei que não é inválido, mas um pouco de precaução não vai lhe fazer mal. Enquanto se restabelece, leve consigo um empregado. Faça-o por mim, pai, ficarei mais tranquilo com suas andanças.

– Eu vi sua mãe. Sabe o endereço de seus avós? Não sei por que, mas desci do carro e fiquei diante da casa pensando no passado e, como outrora... Bárbara saiu de casa e eu fiquei a chamá-la. Lembro-me de ter me sentido mal e ser ajudado por alguém. Pedi caridosamente que fosse até lá chamá-la. Disse a ele que era minha esposa... vi quando sua avó o atendeu, mas logo o dispensou, dizendo que havia muito ela não morava mais ali. Acho que estou enlouquecendo. Eu a vi, filho! Não foi uma visão! Ela deve estar querendo me castigar por eu ter abandonado nossa filha, dando para outros criarem.

– Pai, não se aflija. Quem sabe não é outra pessoa e o senhor, que não está bem, está fazendo confusão?

– Se só tivesse acontecido hoje, poderia pensar ser assim, mas aconteceu outras vezes... na casa bancária... na rua... aqui mesmo, no jardim, quando estive doente e voltei de viagem. Ela está me perseguindo e eu mereço, obriguei-a a um casamento por dívida não paga e, grávida, acabou por perecer. Se tivesse continuado suas aulas de piano, festejando mais a vida, talvez ainda vivesse por aqui. Fui infeliz ao pedi-la em casamento... Sou infeliz por não tê-la comigo...

Meu filho me abraçou e choramos juntos.

8 | O encontro com uma senhora

Uma semana se passou. Leon estava de volta e fomos ver as casas. Uma foi de seu agrado e fechamos negócio. O preço para ele era acessível e ainda conseguimos um bom desconto; tudo ficou resolvido. Como ele estava trabalhando com meu filho, encarreguei-me de mobiliá-la. Eu tinha feito isso com a minha, era prazeroso adquirir objetos para compor o ambiente. Gostava de negociar, pechinchar, comprar coisas valiosas pelo preço de imitações. Gostava de barganhar, foi assim que me fiz na vida.

Numa dessas idas e vindas procurando algo que me agradasse, cheguei perto da casa em que a velha feiticeira morava. Eu andava sempre acompanhado de meu fiel empregado. Conversando com ele, contei-lhe o que sabia da velha senhora; coincidentemente, ele também conhecia a história. Assim, perguntando e procurando, demos na tal casa sem janelas, com duas portas. Depois de todo trabalho para achá-la, desisti do meu intento, talvez pelo medo do que ela pudesse falar. Se de fato fosse bruxa, como diziam, saberia de toda a minha vida. Não era isso o que eu queria. O carro ficou parado por alguns momentos diante da casa, depois dei ordem ao meu empregado para prosseguir.

– Patrão, não era isso o que o senhor queria? – questionou ele, perplexo.

– Era só curiosidade – disse a ele. – Queria ver como era uma habitação sem janelas, com duas portas laterais. Mas agora que já vi é melhor irmos andando, pois meu filho já deve estar chegando a casa e pode se preocupar.

Meu empregado tocou o carro e eu fiquei olhando aquela estranha casa até perdê-la de vista.

– Como demoraram, pai! Achou algo valioso que tivesse de negociar até tarde?

– Nós fomos... – começou a dizer meu empregado. Peguei-o pelo braço e pedi que fosse ajudar a servir o jantar. Não queria que meu filho soubesse de minhas andanças. Não queria deixá-lo impressionado por eu estar procurando alguém tão diferente, que não tivesse nada a ver com nossa vida. Será que não tinha mesmo?

Algo naquela moradia me impressionara, tanto que fui dormir pensando nela e em como seria por dentro. Eu tinha certeza de que lá voltaria, mas teria de ir sozinho. Dias depois, pedi ao meu fiel empregado que se encarregasse de algumas compras. Assim que ele saiu, fui ver a casa. Lá chegando, como da outra vez, fiquei parado, contemplando-a. Uma senhora muito idosa, negra, usando um lenço de bolas na cabeça e um xale de franjas tão compridas, que lhe dava um ar mágico quando andava, veio em minha direção com passos apressados. Eu pensei em fugir, mas, ao contrário, fiquei ali parado a escutando.

– Veio procurar a velha? Seja bem-vindo! Estava à sua espera... – E, pegando-me pelo braço, conduziu-me até a casa.

– Espere! – disse a ela. – Deixei meu carro afastado, nem o tranquei direito, pois pensava retornar logo. Tenho de ir até lá verificar se está em ordem ou trazê-lo para mais perto. Tenha certeza de que volto. – Ela não aceitou as minhas desculpas. Disse que o carro estava seguro, que não havia ladrão por aquelas bandas e que seria muito difícil alguém saber conduzir aquela coisa.

Achei graça. Não sei se pelas palavras ouvidas ou pelo nervoso por ela ainda segurar o meu braço.

Fomos caminhando até a casa e eu fui me tranquilizando, sentindo uma paz vinda não sei de onde.

Ela abriu a porta e me deu passagem. Era um lugar agradável, cheio de flores e de uma claridade que parecia que ali existiam dez janelas. Um lugar repleto de imagens de santos, com certeza de sua devoção, arranjos de flores ao lado de cada imagem... Toalhas de uma brancura de fazer inveja à melhor das lavadeiras... Anjos enormes fechavam cada lado do altar. Então me dei conta do porquê de tanta claridade. Eram tantas velas acesas, apesar de dia claro, que para clarear o ambiente realmente não precisaria de janela.

Ela me mostrou um banquinho, pedindo que me sentasse. Sentou-se em outro e entre nós havia uma pequena mesa com uma toalha de dar gosto.

– Sê bem-vindo a esta casa – falou ela –, havia muito o esperava. Sabia que na primeira vez não entraria, mas tinha certeza de que viria mais tarde sozinho.

– Como me esperava? Conhece-me? Pois sinto lhe dizer que o que me trouxe até aqui foi apenas curiosidade. É sua casa que, sem janelas, com duas portas, a todos leva curiosidade.

– Não preciso de janelas. Preciso de porta para entrar e sair. Por que duas, estará você se perguntando... Por onde entro não saio, por onde saio não entro, mas, já que a explicação foi dada e sua curiosidade sanada, podemos conversar um pouco?

– Não posso me demorar. Vim sozinho e isso não é do agrado de meu filho. Não tenho me sentido bem e sou motivo de preocupação para ele.

– É sobre sua saúde que quero lhe falar. Sobre acontecimentos... sobre quem já foi embora, mas permanece triste, por seus entes queridos não estarem todos unidos...

– Como pode saber de tudo isso? É, de fato, uma bruxa! – E, levantando-me, tentei ir embora. Tentei, mas não consegui. Minhas pernas não obedeciam, não consegui sair dali.

– Sente-se – disse a velha. – Tenha calma. Sou só uma velha que tem muitos amigos. Existem dois planos de vida:

um onde estamos agora e outro, quando fazemos a passagem desta Terra. Tenho amigos dos dois lados, e um deles é... é exatamente sua Bárbara.

De imediato, deitei a cabeça sobre meu braço apoiado na mesa e chorei copiosamente. Senti uma mão sobre minha cabeça e fui me acalmando. Quando levantei de novo, estava a velha ao meu lado, pronunciando doces palavras. Aquela mulher franzina, que não deve ter tido pouco trabalho na vida... estava ali, ajudando-me sem saber se iria receber retribuições. Coitado de mim... Desesperado, mas ainda pensando em dinheiro. Segurei a mão dela e pedi que me falasse de Bárbara: como a tinha conhecido e como podia ainda ser amiga dela se estava morta.

– Primeiro, conte sua história – disse ela –, depois vou lhe falar do que quiser saber.

– Se é bruxa, feiticeira, não sei, mas, se é adivinha, vai me poupar de dizer o que já sabe. Cuidou de Bárbara? Trabalhou em sua casa? – Não pude deixar de perguntar.

A velha senhora pediu que eu esperasse um pouco. Faria um chá e depois continuaríamos nossa prosa.

– A senhora não entende que não tenho tempo? Meu filho me espera! Se não quer falar é porque, com certeza, nada sabe! – E, assim dizendo, levantei-me da cadeira e me encaminhei para a porta.

– Se quer ir embora, não vou prendê-lo, mas só lhe peço que saia pela outra porta. Com certeza, retornará e estarei aqui para escutá-lo.

Agradeci, peguei meu chapéu, que havia tirado ao entrar, e fui embora o mais rápido que pude. "Como me meti nisso", pensei. "Ainda bem que por estas bandas é difícil encontrar alguém conhecido." Cheguei ao carro, entrei e arranquei tão rápido que o veículo foi aos trancos.

Entrei esbaforido em casa. O susto não passara. Como aquela mulher podia saber de Bárbara? Com certeza, tinha trabalhado para os pais dela.

Meu filho me cumprimentou e eu nem lhe dei atenção. Distraído, fui subindo as escadas já pensando no banho que tomaria para tirar aquela impressão toda. Depois de já asseado e metido no meu roupão, escutei batidas leves à porta.

– Entre! – disse eu um pouco cansado, recostado na poltrona de meu quarto.

– O que aconteceu? – perguntou meu filho, já entrando e acendendo a luz. Eu não gostava de muita claridade, a luz do abajur me era suficiente.

– Por que tanta preocupação com este velho? Já vivi o suficiente. Nada que me aconteça agora deve ser motivo de preocupação para você! – disse eu rispidamente, descontando nele a raiva por algo que não podia saber.

"Eu fui fraco... deveria ter permanecido lá e escutado o que a velha tinha para me falar", pensei.

– Pai! Está absorto. Nem parece que escuta o que falo.

De fato, nada havia escutado, e meu filho continuou:

– Estava esperando-o. Leon estava conversando comigo e nos distraímos, nem percebemos o adiantado da hora. Então, perguntei ao empregado por que não fora lhe fazer companhia e soube que o senhor não o tinha esperado após as compras que o tinha encarregado de fazer. Pai! O senhor sabe, não pode sair por aí dirigindo sozinho. E se passar mal como da última vez? Comprovadamente, não foi a bebida, tem de ter cuidado. Eu me preocupo, como todos os que vivem nesta casa; todos lhe têm respeito e admiração! Se sair e não retornar em pouco tempo, deixará todos nós preocupados. Vai descer, ou quer que mande lhe trazer um caldo quente? – Sem esperar por minha resposta, ele saiu do quarto e logo chegou um empregado com um prato de sopa fumegante.

Meu filho ficou aborrecido e eu mais ainda por ter lhe causado tanto transtorno. A sopa acalentou-me o estômago; estava com fome, nem me dera conta. Mcu filho adivinhara que eu não tinha me alimentado. Naquela noite dormi como havia muitas não dormia. Sem sonhos nem pesadelos. Amanheceu. Levantei-me disposto e logo estava descendo para o meu desjejum.

Meu filho já estava à mesa, acompanhado de Leon. Cumprimentei-os efusivamente quase sem perceber.

Um olhou para o outro e começaram a rir.

– O que foi? Não estou vestido a contento?

Eles riram mais ainda, chegando a gargalhar. Quanto tempo aquela casa não ouvia som tão bonito.

– Posso saber qual o motivo de tanta alegria? – perguntei a eles.

– O senhor, pai! O senhor é surpreendente. Estávamos aqui pensando se deveríamos chamar o doutor, já pensando no senhor acamado, e eis que aparece radiante de felicidade!

– Por quê? Não haveria de estar feliz? Tenho um filho com preocupação constante com minha pessoa e um amigo que faz par sobre o assunto. O que poderia esperar mais da vida?

Eles se levantaram; meu filho veio me abraçar e disse estar atrasado. Leon o acompanhou, pois agora trabalhavam juntos. Sem as roupas usadas quando trabalhava no barco, Leon parecia outra pessoa.

Ele estava prestes a deixar minha casa, sua habitação estava pronta e aconchegante. Aos poucos, consegui realizar o que me propus. Era uma casa modesta, com ares requintados.

Sentei-me para fazer minha refeição e tomei uma decisão: voltaria à casa da velha e desta vez não me recusaria a ouvi-la. Levaria meu acompanhante e pediria que guardasse segredo do encontro. Eu ainda era o patrão naquela casa, meu pedido era uma ordem, e assim o fiz. Logo estava de novo diante daquela casa. Foi mais rápido do que ela pensara. Entrei e bati à porta. Nada! Dei a volta e bati à outra. A porta abriu e, de repente, acabou minha disposição.

Eu, que sempre me achara poderoso, acima de todos pela posição alcançada, estava ali, trêmulo diante de tão insignificante figura.

– Entre, sê bem-vindo – disse de novo a velha senhora.

Entrei e sentei-me no banco, que parecia estar à minha espera.

– Sabia que voltaria. O ser humano é curioso... mesmo sem acreditar segue em frente. Já que não quer contar sua história, vou lhe contar outra. Chegou a esta cidade, há muitos anos, um moço cheio de ideias: trabalhador, conseguiu o que queria. Amealhou muito mais do que pensava, mas o dinheiro o cegou. A vontade de se libertar dos laços de família de nome desconhecido fez com que ele não enxergasse o amor sentido. Usou a moeda em troca da felicidade, achou quem fosse submissa a isso, e assim encontrou uma princesa para seu castelo de vaidade. Conseguiu o que pediu e não soube conviver com o que obteve. Deus lhe deu três filhos e ele abdicou de um. Sua esposa não conseguiu sobreviver ao parto, mas deixou parte sua naquela menina abençoada.

– Pare, por favor! Está falando de minha vida! Quem lhe deu esse direito? Não sou como afirma! Não foi assim! Amei minha mulher mais que minha própria vida! O que fiz foi por desespero. Não conseguiria olhar a menina e saber que por sua causa Bárbara havia partido!

– Não foi por causa dela... Já estava escrito. O tempo dela nesta Terra havia terminado. Era sua missão criar os filhos por ela parido, mas não soube fazê-lo. Afastou uma filha de sua vida e a vida lhe tirou a outra. Viveu tão isolado em seu mundo, que não enxergou o que acontecia na sua morada. Sua filha gêmea desviou-se do bom caminho e você nem percebeu que caminho tortuoso ela começava a seguir. Se tivesse conversado e perguntado qual era sua mágoa, saberia como tudo havia começado. Eles nunca contrariaram suas ordens, mas no coração você não pode mandar. Era uma menina revoltada. Perdera a mãe ainda pequena e tinha uma irmã, que sabia existir, mas com quem não podia conviver. Tinha um pai que não era presente, mas que pensava que, como a supria materialmente, não precisava ser presença constante. Isso tudo seria passado se não tivesse ficado mal resolvido. Tem um filho e uma filha separados pela sua falta de compreensão. Pediu tanto a Deus uma família e não soube uni-la. Ainda é tempo... O remorso corrói sua alma... Vá procurar sua filha e deixe o amor que você tem por ela transparecer.

– Como posso ter amor por quem não conheço? Estou velho, acabado, daqui a um tempo serei só fumaça! Então deixemos as coisas como estão. Tenho certeza de que ela foi muito feliz com os avós. Tivemos vidas diferentes, muitos anos se passaram, como vou procurá-la agora? Eu sei que errei, mas foi por amor a Bárbara!

– Se tivesse tido todo esse amor que fala, teria abrigado sua filha no colo, embalado seu sono, suprido o regaço de mãe que ela não tinha mais. Não pode viver com isso. Bárbara estará à sua espera quando dessa Terra você partir, mas tem de reparar seu erro.

– Como pode saber de tudo isso? Em toda a minha vida não encontrei ninguém igual à senhora! Se sabe tanto, deve também saber o que tenho de fazer para contornar toda essa confusão. Não sei nem por onde começar; às vezes, o que penso fazer não é o que realmente faço. A senhora conversa com Bárbara e eu a vejo sempre, escuto os acordes do piano, sinto sua presença e não é imaginação minha! Há pouco tempo estive diante da casa de seus pais e a vi saindo de lá.

– Tem certeza de que era ela? Será que não é alguém muito parecida, de quem foge porque pensa que não quer encontrá-la?

– De quem está falando? Se é de quem eu não criei, não pode ser, ninguém é tão parecida... Apesar de minha idade, minha visão ainda está boa. Tenho certeza de que é Bárbara que vejo.

A velha se levantou e apanhou um copo com água. Pediu que ali eu colocasse minha mão e chamasse por Bárbara. Eu recuei. Bárbara estava morta e, por mais que a amasse, não conseguiria falar-lhe. A velha, com paciência e uma doce expressão, pegou minha mão e colocou-a sobre o copo. Bárbara... de repente, eu pensava nela, no seu lencinho perfumado, nos seus cabelos dourados e na sua maneira gentil. A velha retirou minha mão e eu a vi. Como podia? Era magia... Aquela velha caçoava de mim. Levantei-me rápido e derrubei o copo.

– Estou velho demais para essas brincadeiras – disse a ela. – Quanto lhe devo? Perdeu seu tempo comigo e creio que deve ser recompensada.

– A recompensa vem do Alto, meu filho. Não deve nada a esta velha. Volte quando quiser. Pense no que tem e está deixando escapar. Acontecimentos virão e terá de ter compreensão para não afastar de vez todos de sua vida.

Agradeci a ela pelas palavras, peguei meu chapéu e fui embora. Desta vez, mesmo não acreditando que faria diferença, saí pela porta através da qual não entrei.

Meu fiel empregado estava à minha espera e confabulava com um senhor franzino que parecia ter muita idade.

Cheguei ao carro e pedi que fôssemos embora o mais rápido possível.

– Um velho escravo – disse meu empregado. – Ele ia à procura da velha, mas soube que ela estava ocupada e ficamos conversando. Seu patrão mandou buscá-la, tem criança com febre e só ela sabe curá-la.

– Estão doidos! Como ela pode entender de medicina? É uma velha escrava tentando sobreviver. A absolvição deixou-os livres, mas também sem seu ganha-pão. Como a Terra em que vive e a tal casa estranha, ela deve cobrar alguns trocados para rezar a essa criança.

Eu nada tinha entendido, ou não queria entender. Todas as oportunidades para isso me foram dadas, mas eu era ignorante demais para compreender.

Não quis ir para casa. Estava amuado. "Uma embusteira", pensava, enquanto o carro rodava. Com certeza, pedira informações minhas a algum empregado de casa. Mas e a visão de Bárbara no copo? Era um truque bem-feito... Não ia mais me preocupar com isso. Queria ver meu filho, era o que me restava. Pedi que meu empregado me deixasse à porta do estabelecimento e fosse para casa. Iria mais tarde com meu filho; uma força estranha fazia com que ansiasse por vê-lo.

Entrei na casa bancária distraído, marcando com minha bengala meus passos compassados. Fui direto para o gabinete de meu filho e agora ninguém mais me impedia. Fui observando tudo sem me fixar em nada. Rodei a maçaneta e entrei na sala. A bengala caiu de minha mão; vi tudo rodar e amparei-me na porta entreaberta para não cair.

– Não pode ser! Quem é você? – perguntei aos gritos.

A moça que estava conversando com meu filho levantou-se rapidamente e ficou de costas.

– Pai! Não o escutei chegar! Venha sentar-se e lhe explicarei tudo.

Eu, ainda cambaleando, aceitei sua ajuda e me acomodei na cadeira... Meu filho, pegando a moça pela mão, apresentou-me:

– Essa é Elisa, minha irmã.

Era Bárbara que estava à minha frente. Olhando-a bem, havia poucas diferenças.

– Como vai? – consegui dizer, sem saber o que falar. Ali estava minha filha perdida. Era o momento exato para me redimir, mas não soube fazê-lo. Aquela moça à minha frente nada tinha a ver comigo, era impressionante! O que a velha falara havia acontecido. Eu, na minha burrice, abri a boca em meias palavras: – Você estava em meu jardim... Não era Bárbara que via, era você...

Ela nada falou, estava pálida com o encontro inesperado. Levantei-me da cadeira antes que meu filho pudesse fazer algo para me impedir e me dirigi à porta, ainda meio cambaleando, sem pegar minha bengala, esquecida no chão.

– Aonde vai? – perguntou meu filho.

Sem responder, continuei caminhando a esmo. Não tinha ainda a consciência da importância do momento. Quando saí à rua, o frescor clareou minha mente. Se ela estava ali, era porque tinha intimidade com meu filho; então, às minhas costas ele me desobedecia. Mantivera contato com ela e eu, durante todo o tempo, fizera papel de tolo. O que mais poderia estar acontecendo? Meu filho, que sempre me fora fiel, havia me traído, e isso me marcou profundamente. Andei, sem saber para onde. Estava desnorteado. Aquela era minha filha e eu não tinha nada a dizer a ela. Fiz sinal para um carro de aluguel e rumei para casa.

Lá, fiquei sentado diante do piano, esperando a volta de meu filho. Ele tinha muitas explicações a me dar.

Adormeci sentado. Senti alguém tocar de leve o meu ombro e despertei assustado.

– Bárbara! – falei de chofre.

– Não, pai, não é minha mãe. Ela se foi há muito tempo, lembra?

– Não esqueço um segundo, nem quando estou dormindo. Por falar nela, por que me escondeu todo esse tempo que frequentava a casa de seus avós?

– Nunca concordei com o senhor. Nunca me perguntou se os visitava. Não menti. Preferi ocultar-lhe, pois sabia o que pensava a respeito. Elisa é uma flor de pessoa. Nunca lhe quis mal, apesar de o senhor tê-la afastado de nossa vida. Nossos avós nunca alimentaram nenhum ressentimento de ódio ou rancor pelo senhor. Há um tempo eles estão adoentados, tenho ido visitá-los, e me faz muito bem. Perdoe se contrariei suas ordens, mas só sinto não tê-lo feito há mais tempo. Muito anos se passaram... muito tempo perdemos. Coloque um ponto-final nisso. Mágoas ficarão esquecidas. Tente, pai. Tente!

Eu não quis mais escutá-lo, ele me traíra. Levantei-me e subi as escadas devagar, dando o assunto por encerrado.

Um tempo então se passou. Não tocamos mais no assunto, até parecia que o encontro não tinha acontecido, que eu não havia visto minha filha.

Agora eu evitava ir à casa bancária, não queria novos encontros. Meu filho mudara de comportamento em relação a mim. Agora chegava tarde, estava sempre ausente às refeições. Se ele queria me punir, estava dando certo; sua ausência era demais para mim. Leon, às vezes, aparecia para conversarmos, mas nunca falou do acontecido; decerto, sabia de tudo, mas era problema de família.

Eu, quando estava isolado, só pensava na velha. Suas palavras me marcaram, mas não me deram juízo suficiente. A casa era grande demais, só agora percebia isso: de que adiantava tantos cômodos, tantos serviçais... se não iriam servir ninguém?

Aquela moça... aqueles cabelos dourados... por mais que eu a afugentasse, não saía da minha mente. Podia ter sido fácil resolver aquela situação, mas eu deixara passar. Sentado em minha poltrona de couro finíssimo, eu pensava de que adiantava tudo aquilo, se nem meu filho mais desfrutava? Só chegava bem tarde. Eu escutava suas passadas subindo as escadas.

Perdera minha esposa, minha filha e, agora, meu filho se afastava por não querer diálogo comigo. Como ele falara, seus avós estavam adoentados, com certeza, estaria indo vê-los, dava-lhes assistência e se esquecia de que em casa tinha alguém que se sentia sozinho.

Era minha culpa, mas eu não me dava conta. Culpava Elisa, meu filho, e não via que o erro estava comigo.

9 | Uma revelação

Um dia meu filho chegou mais cedo, semblante triste e roupa mais sóbria do que de costume. Eu, como sempre, estava sentado diante do piano. Ele veio até a porta da sala onde eu estava, encostou-se no batente da porta e disse em voz baixa:

– Meu avô se foi... Acabo de vir do enterro, não adiantava correr para comunicar-lhe, com certeza o senhor não iria ao funeral.

– Pensa por mim, agora? Se não falou antes, poderia ter se poupado em comunicar-me agora! Pai de minha mulher! Pensou nisso?

– Que importância tem agora? Ele se foi, não poderia mais escutá-lo. Estranharia sua presença. Pai, sabe quantos anos se passaram? O senhor pensa que tudo aconteceu ontem... pensa que ainda tem um bebê afastado, mas a vida passa, passa muito rápido, e o senhor ainda não se deu conta disso. Desculpe incomodá-lo em seu repouso. Vou me recolher, pois foi um dia exaustivo.

Dia exaustivo! Que bom que ele o tinha; queria eu aqueles anos de volta, em que trabalhava sem me dar conta de horários ou em que dia da semana estava. Agora contava os minutos e a semana se arrastava nos seus longos dias.

"Como ele está sendo injusto", pensava eu. Dei-lhe tudo o que ele tinha e não era nem um pouco agradecido. Nessas horas em que eu ficava divagando, esquecia o quanto meu filho era amoroso comigo. Eu só pensava na minha pessoa, nada mais importava. Meu sofrimento tinha dimensões enormes... eu tinha uma venda nos olhos que não me deixava ver nada.

Fiquei ali sentado cochilando até que um empregado veio me tocar de leve, preocupado em saber se eu precisava de algo antes de ele se recolher.

Eu não precisava de nada, ou melhor, precisava de tanto, mas só eu podia me dar aquilo.

Um tempo se passou; a rotina era minha escrava, estava sempre me servindo. Eu pouco saía, sentia muito cansaço e não tinha ânimo nenhum.

Leon pouco aparecia. Quando reclamei sua ausência, disse estar de namoro com uma moça de raras beleza e doçura, que em parte nenhuma encontrara. O que eu não sabia é que ele falava de minha filha. Sempre me falava de tal moça, e tão interessado fiquei, que marquei um almoço com ele e meu filho para conhecê-la. A desculpa logo veio: ela era muito compromissada e também não tinha permissão de se afastar por muito tempo de casa. Era professora de piano, tinha suas horas quase todas tomadas por seus pequenos alunos.

– Professora de piano? – perguntei. – Tem sorte, o piano é um instrumento mágico, seus acordes ecoam, mesmo depois da morte de quem corre em suas teclas os dedos delicadíssimos, como se acariciasse o piano, e não o tocasse.

– De quem está falando? De sua esposa? Está falando que ainda a escuta tocar?

– Ignore o que falei. Acho que pensei em voz alta. Estou muito feliz por ter encontrado uma boa moça; decerto, já tem compromisso firmado. Já falou com os pais dela?

– Ela é órfã, mas tem a avó a criá-la. Já pedi consentimento para o namoro e, se tudo der certo, logo virá o noivado.

– Que pressa! Vai viajar? Tenha calma, meu amigo, acabou de desembarcar. Traga-a aqui na primeira oportunidade que tiver, será do meu agrado. Já falou com meu filho?

Leon ficou engasgado com as palavras e meu filho, que estava chegando, veio em seu socorro.

– Claro, pai! Fui o primeiro a parabenizá-lo pela escolha. Espero que seja muito feliz e a faça também.

– Já conhecia a moça? Será alguma das moças da casa bancária?

– Não tente adivinhar. É melhor esperar a surpresa.

Cumprimentei Leon e me retirei. O cansaço era visível, meu filho até me ajudou a subir as escadas. Agradeci a Deus por aquele momento. Eu amava muito meu filho e sentia bastante sua ausência.

Recolhido na cama, comecei a pensar em Leon e sua professora de piano. Quando ele atendesse o meu pedido, pediria a ela que tocasse minha música preferida.

Meu filho, de repente, ficou assíduo nos jantares em casa; não sabia por que ele mudara de comportamento, talvez não tivesse mais a companhia de Leon, por ele estar com compromisso firmado, e se recolhia à casa cedo. Numa noite, veio ele com uma conversa estranha, cheio de rodeios... falava de sua mãe. Ele, depois da morte dela, ficava a esperá-la à porta de casa. Pequeno ainda, seriam inúteis explicações profundas. Então falei que ela partira em um encontro com Deus. Ele esperava sua volta sentado à soleira da porta, com toda a paciência, que já lhe era peculiar. Como o tempo passou e ela não voltou, ele queria buscá-la. Chorava-me todas as noites, era difícil acalentá-lo. Sua irmã, bem diferente, logo aceitou a ausência. Ele foi crescendo e nunca mais perguntou pela mãe. Eu, na minha dor sentida, esqueci que ele também sofria. Agora, falar da mãe para mim, era surpresa.

– Não gostaria que algum de seus filhos tivesse herdado a paixão pelo piano como mamãe? Seria maravilhoso, não? Às vezes, em meus sonhos, vejo-a tocar. A melodia fica comigo até eu acordar. Essa casa é muito triste, e mais triste ainda é ver o piano dela ali abandonado, esquecido.

– Nem abandonado, nem esquecido. Estou sempre cuidando dele, independente da limpeza que lhe fazem os empregados. Se não sabe, ele é meu companheiro nas noites de solidão. Escuta ela tocar em seu sonho? Pois a escuto tocar mesmo acordado. Gostaria muito que você ou sua irmã tivessem se interessado pela música, mas sua irmã só o tocou para impressionar meu coração e deixá-lo livre para suas artimanhas. Mas por que esse assunto agora? Nunca se importou com isso! Será que a namorada de Leon despertou em você o sentimento musical?

– Talvez, pai, talvez.

O que ele queria falar, não conseguia dizer, e eu não facilitava. Comecei a pressionar Leon a levar sua prometida até minha casa e isso o afastou do meu convívio. Eu melhorara um pouco e já saía para caminhar, sempre acompanhado de meu fiel empregado.

10 | Descoberta

Certa vez, pedi que o meu fiel empregado me levasse até a casa em que minha filha morava. Como um ladrão, fiquei escondido observando a entrada da casa. Um tempo se passou e o cansaço já era visível.

– Vamos, senhor! Está aqui parado faz horas. Não sei o que se passa, mas tanto tempo de espera não lhe fará bem.

– Só mais um pouco – redargui. – Alguma coisa me diz para esperar. Só mais alguns minutos e acatarei seu pedido para irmos embora.

Nisso, enquanto eu falava com ele, eis que aparece Leon, todo engravatado, caminhando na calçada oposta à que eu estava. Fiz menção de chamá-lo, mas parei quando vi que ele se dirigia ao portão onde morava minha filha. O que estaria acontecendo? Será que Leon, como meu filho, também me traíra? Meu coração estava a pular, e mais nervoso fiquei quando um empregado atendeu a campainha e abriu o portão para Leon entrar.

Foi um baque muito forte essa emoção para mim. Minhas vistas escureceram e eu cambaleei. Quando acordei estava em meu quarto com o doutor ao meu lado. Ele me examinava e falava ao meu filho sobre uma possível internação. Eu a tudo escutava, mas não tinha vontade de articular palavra. Então Leon estava comprometido com minha filha! Quem lhe dera esse direito? Usara de artimanha para saber tudo sobre ela. Sabia de minha fortuna e, com certeza, que ela também seria herdeira... Tratara de garantir seu futuro. Eu continuava cego. O dinheiro e o quanto valiam as pessoas em relação a ele não mudavam para mim, mesmo com todos os acontecimentos em minha vida, com toda perda e sofrimento. Mas naquele momento eu só pensava em traição. Voltei à realidade com o chamado de meu filho.

– Pai, pode me escutar? Reaja! Dê um sinal de que está me escutando.

Eu não queria abrir os olhos, não queria falar com ninguém, mas reagi como ele pediu: levantei a mão e pedi que me deixasse em paz.

O silêncio se fez. Senti uma picada no braço, fiquei sonolento e adormeci.

Não sei quanto tempo se passou, mas, quando abri os olhos, meu filho estava ao meu lado, sentado em uma cadeira e cochilando. Fiquei observando sua figura. Homem feito, barba cerrada, musculatura forte. Meu filho era um belo rapaz. Ele despertou como se percebesse estar sendo observado, segurou meu braço e falou carinhosamente:

– O senhor está melhor? Quer me contar o que aconteceu? Falei com quem o acompanhava. Ele não soube me explicar muito bem, só disse que, depois de ver Leon entrar em certa casa, o senhor perdeu os sentidos.

– Não quero falar disso. Não estou me sentindo muito bem para essa prosa. Não quero a visita de Leon, não quero ninguém em meu quarto.

– O senhor está me incluindo? Também faço parte dessa lista?

– Não! Não poderia dispensá-lo. Preciso de você, como do ar que respiro. Se me faltar, faltará também esta triste vida.

– Pai, não fique amuado. Elisa é uma ótima moça. Ela e Leon serão felizes.

– Não quero saber desta história! Fui enganado! Pensei ter um amigo. Deixei-o frequentar minha casa e ele me deu o bote! Era melhor ter roubado a combinação de meu cofre e levado toda a minha fortuna! Eu me enganei a seu respeito. É um aproveitador, e eu caí em sua armadilha.

– Tenha calma, não é como o senhor está pensando. O encontro dos dois foi uma coincidência. Eu sou testemunha! Não há interesse financeiro da parte dele, posso lhe garantir!

– Você está envolvido emocionalmente. Quer bem a Elisa e tem um bom coração, que não o deixa ver a verdade. Eu sou o culpado. Fiz tantos elogios a quem pensei ser meu amigo, que agora fica difícil convencê-lo do contrário, mas estamos falando de uma situação que eu não queria. Agora, deixe-me sozinho, vou vê-lo mais tarde.

– Queria que o senhor soubesse que Leon tem uma pequena fortuna. Ele não tinha gastos no navio, cobrava por serviços extras, e assim fez seu pé-de-meia. Está tudo aplicado em Letras na casa bancária. Com o salário que estou lhe pagando, logo comprará seu automóvel com chofer e tudo.

– Nome de família! Leon de quê? Sabe por acaso de sua linhagem? Ele pode ter feito um pé-de-meia, mas, para colocá-lo em um sapato de couro, ele precisa de brasão. Ainda não entendeu que é isso o que ele quer dessa moça?

– Qual é a sua preocupação, meu pai? Elisa não carrega seu sobrenome, o senhor não quis registrá-la. Ela carrega o sobrenome de minha mãe. Albuquerque, para ela, não quer dizer nada!

Eu, com muito esforço, mas impulsionado pelo meu espanto, fiquei de pé e, com o dedo em riste, fui direto ao meu filho.

– Como tiveram a audácia de registrá-la sem o sobrenome do pai? Ela é minha filha!

– Agora o senhor se lembra disso! Entregou-a ainda bebê... nunca quis saber dela. Minha avó contou que o senhor, depois da morte de minha mãe, nunca mais pisou naquela casa, nem para ver sua filha. Ela esperou meses para registrá-la. Esperava que o amor de pai superasse sua dor. Mas o senhor não apareceu. Dinheiro para criá-la, nunca faltou, disso o senhor cuidou muito bem. Mas, agora, dizer que eles erraram! Acorde, pai! Saia desse devaneio! Se não quis o bebê, agora que já é moça feita, deixe-a em paz! Ela tem a autorização da avó para ter com Leon compromisso firmado, mas só para clarear um pouco: minha avó andou me contando sobre uma dívida não paga à casa bancária. O senhor se lembra disso?

Com que direito aquela velha contara da dívida ao meu filho, dívida que nunca pagaram!

Eu me esquecia que uma moça sonhadora e obediente, por amor aos seus pais, casara-se com um homem que tinha o dobro de sua idade. Meu sogro nunca me perdoara por eu tê-lo pego em flagrante num bar e o levado para uma festa de noivado que estava fadada a não acontecer. Era uma triste história, que eu pensava que estivesse esquecida, mas, agora, com meu filho sabedor de tudo, como me explicar?

Voltei para a cama cambaleando e ele veio em minha ajuda.

– Vamos parar! Já falamos demais por hoje. Depois conversaremos com mais calma. Vou chamar o doutor para medicá-lo de novo.

E, assim falando, meu filho se retirou, deixando-me com meu passado.

11 | Um ato de loucura

Bárbara sentada chorando... aquele lencinho delicado a lhe amparar as lágrimas... e o início de tudo. Naquele momento, Deus é testemunha de que eu não sabia de quem se tratava. O destino a colocara em meu caminho e me ajudara a acabar com a dívida não paga. Hoje sei que poderia ter sido diferente. Apesar de muitas diferenças entre nós, ela me amaria e, com certeza, juntos ficaríamos. Poderia ter negociado com seu pai a dívida e ficaríamos todos em paz. Mas, em meu afã de perdê-la, enfiara os pés pelas mãos, como dizem. Fui bronco, estúpido e mal-intencionado. Mas só compreendi isso depois da sua passagem. Sentia falta de minha mulher; eu a amara e agora meu filho duvidava disso. Como me explicaria? Sua avó certamente não sabia de todos os acontecimentos. Quem poderia comprovar minhas palavras, se ela já se havia ido? Como provaria a meu filho que só soubera na casa bancária, na hora da execução da dívida, quem era aquela moça que conhecera em um restaurante, e que de sua vida nada sabia? Conhecia apenas seu nome e sua morada, mas não havia comparado os endereços. Estava tão envolvido, que não me dera conta.

Bárbara... perdoe-me... ajude-me a convencer meu filho de que me uni a você por amor!

Eu, em parte, ainda estava em devaneio. Chantageara meu sogro quando o encontrara nos braços de outra mulher, mas isso tinha ficado no passado. Seria cruel ser cobrado agora. Mas com Leon era diferente, ele era um navegador, homem que tivera muitas mulheres, deixando uma em cada porto. Como fora acreditar que ele queria descansar, fincando âncora? Eu ainda o ajudara com a casa, não sabia de seus planos com minha filha. Minha filha... que direito tinha de chamá-la assim; nem meu sobrenome ela possuía!

O doutor chegou sem perguntar nada. Aplicou-me de novo uma injeção, que me deixou mais calmo e acabei dormindo. Eu queria me levantar daquela cama, sentia falta de um gole. Isso me ajudava a enfrentar meus problemas. Uma semana se passara e foi exatamente o que fiz: dei uma gorda gorjeta ao meu empregado e mandei que fosse comprar a maldita. Não foi meu fiel empregado; pedi o serviço a um rapazola recém-contratado na casa, para substituir meu fiel escudeiro, quando fosse comigo nas andanças. O caminho pelo qual enveredei foi muito triste, ficava vigiando a casa de minha filha para ver se Leon ainda mantinha o compromisso. Meu filho, decerto, falara com ele, pois ele nunca mais apareceu em minha casa. Não sei se era horário desencontrado, mas acabava por não vê-los.

Certa manhã, quando já havia abusado do álcool, fui até a casa da feiticeira...

Bati palmas, chamei-a aos berros... bem diferente das outras vezes que ali estive. Ela apareceu à porta da casa e pediu que me aproximasse. Eu, meio cambaleante, fiz o que tinha me pedido. Desta vez, não solicitou que eu entrasse na casa, da porta mesmo me falou:

– Palavras foram ditas e você não entendeu, afastou de seu convívio de vez quem por amor estava ao seu lado. A bebida é sua inimiga. Ache o seu caminho ou ficará perdido nas trevas...

E, assim falando, fechou a porta, deixando-me tonto com palavras que não entendi bem. A única coisa que ficou bem gravado é que tinha afastado quem gostava de mim. Leon? Meu filho? Minha filha com certeza não era, essa devia ter ódio de mim. Voltei ao carro e fui para casa. Voltava à rotina de outrora. Não andava asseado, não me importava se meu terno estava amassado ou se tinha a barba por fazer. Comer, pouco comia. Ciscava no prato separando toda a comida de acordo com meus pensamentos. A casa era um silêncio lúgubre, mas, às vezes, sob o efeito da bebida, o som do piano quebrava o silêncio. A solidão era minha companheira. Não enxergava que era eu o único culpado. Poderia ter tido uma casa cheia de risos e uma linda moça dedilhando de novo o piano. Mas eu ficava cada vez mais enfurecido. Colocava toda a culpa dos acontecimentos em Leon. Até que um dia, depois de uma bebedeira mais forte, fui de novo fazer vigília diante da casa.

Esperei por toda a manhã. Só via serviçais entrando e saindo. Às vezes, locomovia-me um pouco para não parecer suspeito. Até que, quando estava quase dando meio-dia, apareceram Leon e minha filha de braços dados. Eu fiquei cego, peguei a arma que trazia escondida e ia atirar para o alto para dar um susto naquele bandido, mas meu empregado, que estava me acompanhando, quando percebeu, pegou em meu braço e a arma disparou em direção a eles. Eu caí sentado com a arma na mão, e só escutei os gritos de Leon e do meu empregado.

– Acertou na moça – ele dizia, e Leon do outro lado, desesperado, dizia que eu a havia matado.

– Meu Deus! O que fui fazer! Eu só queria assustá-lo e agora minha filha jaz sem vida.

Levantei-me e corri, o álcool desaparecera por completo. Corri ruas e vielas, nem sei como consegui. Minha bengala por mim foi largada quando fui ao chão depois do tiro. Continuei correndo desesperado até encontrar abrigo para o meu desespero. Numa dessas vielas, tinha um canto que parecia um refúgio, ali me escondi e fiquei com o rosto coberto entre as mãos, como se não quisesse ser reconhecido. Escutei sirenes e mais me recolhi. Não temia ser preso, encarcerado, temia o confronto com meu filho. Nunca mais voltaria para casa, era melhor que ele pensasse que eu estava morto. Eu tinha algum dinheiro no bolso e isso me ajudou a ir para mais longe. Fome eu não tinha, beber também não queria mais. Minha filha estava morta, nada que eu dissesse ou fizesse a traria de volta. Caminhei muito... cada vez mais me afastava de casa. Casa?... Planejara tanto minha vida... e eu mesmo a arruinara.

Meu filho nunca me perdoaria, nunca iria acreditar que fora um acidente. O que fui fazer? Eu nunca quisera saber de minha filha e, quando alguém de meu relacionamento se apaixonara por ela, em vez de aproveitar o momento e me redimir do passado, bancara o verdadeiro idiota e acabara por dar fim à vida de alguém que só quisera ser feliz. Perdi todas as chances. Perdi toda a família que me fora dada. Estupidez! Continuei caminhando sem destino, usando o pouco do dinheiro que ainda tinha. À noite, hospedava-me em lugares baratos e saía de manhã bem cedinho... A figura de minha filha no solo não saía de minha mente. Àquela altura, eu já estava sendo amaldiçoado e bem merecia... Não era digno de piedade.

***

Certa noite, sentei-me à beira da calçada e escutei alguém me chamando. Não via ninguém conhecido, só pessoas que transitavam sem se importar comigo.

– Marco Antonio... escute. Volte para casa... estão procurando-o. Já sabem a verdade.

– Bárbara... Bárbara! Bárbara!

Fiquei de pé e comecei a gritar como um alucinado. Não. Não havia ninguém. Eu estava enlouquecendo. Tornei a sentar-me e tapei os ouvidos. Não queria escutar mais nada. Queria esquecer tudo, mas mesmo assim escutei de novo:

– Marco Antonio, volte! Seus filhos precisam de você.

Mais uma vez levantei e comecei a gritar:

– Que filhos? Bárbara... Que filhos? Só me resta um, e esse também perdi. – Sentei-me de novo e comecei a chorar. Senti um toque no meu ombro e me virei para olhar. Aquele xale... aquele lenço...

– A senhora! O que faz aqui? Estava me seguindo? Pois vou lhe dizer logo: acertou em tudo o que me disse. Mas, agora, o que importa? Se quer saber, devia ter-lhe dado ouvidos, devia ter abandonado a bebida... mas é tarde. Desculpe se a tratei mal. O único culpado nisso tudo sou eu.

– Vim buscá-lo – disse ela, falando mansamente. – Bárbara me contou onde estava e pediu que lhe contasse que sua filha está viva. Ela o espera. Todos o esperam.

– Não posso voltar! Destruí tudo de bom que tinha.

Aquela senhora franzina não aceitou minhas palavras. Pegou-me pelo braço e, automaticamente, fui me levantando como se fosse puxado. Aceitei que ela me conduzisse como se fosse minha tábua de salvação. Fomos caminhando até um carro, que estava parado um pouco afastado de onde estávamos e com o chofer esperando-nos. Esse eu já conhecia, era o mesmo homem que um dia estava falando com meu empregado. Ele veio ao nosso encontro e me ajudou a caminhar. As forças eram poucas, eu me sentia com duzentos anos. Estava maltrapilho, malcheiroso, barba cerrada... uma triste figura. Nem de longe parecia aquele banqueiro afortunado entrando em seu palacete.

Tentei não pensar em nada. Que a vida me conduzisse. Um tempo depois de longo silêncio, chegamos a casa. O carro parou e o chofer veio me ajudar a descer e me aprumar.

– A senhora não vem? – perguntei à doce velhinha.

– Está entregue. O que me pediram, eu fiz. Daqui para a frente haja mais com o coração do que com a razão. Seja feliz. Se quiser minha ajuda, sabe onde me encontrar.

E assim ela se foi, deixando-me ali parado, sozinho...

Assim que o carro se afastou e olhei para a casa, as luzes acesas, deu-me medo e senti uma angústia no peito. "Não posso fazer isso", pensei. "Não vou ser aceito. Mesmo que ela não tenha morrido, existe o ato que pratiquei." Voltei e comecei a caminhar, iria embora de vez.

– Pai! É o senhor mesmo?

Virei-me e vi meu filho que saíra de casa e vinha correndo ao meu encontro. Fiquei imóvel, não articulei uma palavra. Meu filho me abraçou e começou a chorar.

– Pai! Pensei que o tivesse perdido. Procurei-o tanto! Vamos entrar. Aqui fora está frio.

E, assim, mais uma vez me deixei levar. A casa estava toda acesa. Os empregados vieram todos me receber. Cinco dias tinham se passado desde o acidente. Era tempo demais para alguém como eu se manter afastado de casa. Fui caminhando com a ajuda de meu filho e eis que escuto os acordes do piano.

– Quem está tocando?

– Venha, ela toca todos os dias. Falou que a música o traria de volta e acho que acertou, pois o senhor aqui está.

Fui conduzido até a sala de música e deparei com aquela figura angelical dedilhando o piano. Assim que me viu parou de estalo. Meu filho me largou e fechou a porta da sala.

Eu e ela, e a sombra de Bárbara...

Ela tinha o ombro enfaixado, o que me fez lembrar do acidente.

– Perdoe-me – consegui dizer. – Não queria machucá-la, mas acho que fiz isso sua vida inteira.

Ela me olhava e nada dizia. Era igualzinha à mãe.

– Continue tocando, desculpe atrapalhá-la. Esse piano por direito lhe pertence, como tudo o que está nesta casa.

– Não preciso de nada. O senhor me proveu de tudo que precisei... quase tudo; só faltou o carinho e a dedicação de pai que meus irmãos tiveram.

Então eu desabei. Amparei-me na cadeira que estava ao meu lado e chorei. Chorei um dilúvio, não conseguia parar. Estiquei a mão em sua direção e ela veio e se jogou em meus braços. Eu a abracei e lamentei que não fosse um bebê. Queria que o tempo voltasse, queria apagar tudo o que fizera de errado. Afastei-me dela temendo deixá-la ainda mais triste.

– Nada mais vai me magoar. Estou feliz pelo senhor estar de volta. Venha, sente-se. Será melhor para conversarmos.

Então lhe contei a minha dor ao ver que a havia ferido com o tiro. Expliquei-lhe que não era o que queria fazer, que minha intenção era assustar alguém.

– Leon? O senhor nunca conseguiria assustá-lo! Eu o amo e sei que sou amada por ele. Ele é um bom homem, o senhor sabe disso. Não lhe quero mal. Mesmo não estando presente no meu dia a dia, sempre procurei vê-lo. Minha avó falou de sua dor ao perder minha mãe e eu o perdoei, pois durante muitos anos também me senti culpada. Só muito tempo depois entendi que minha vida estava iniciando e o tempo de minha mãe na Terra havia acabado. Se não fosse pela minha vinda, ela teria partido de outra maneira. Mas isso eu só compreendi conversando com uma velha amiga. Agora tenho de ir para casa, alguém me espera com notícias suas.

– Não tenho direito de retê-la. Agradeço sua preocupação e me perdoe. Perdoe este velho que não soube conduzir bem a vida. Não me queira mal. Não quer vir morar comigo? Esta casa é grande demais para seu irmão e eu.

– Não posso. Não poderia magoar quem esteve presente quando mais precisei. Minha avó está adoentada... necessita de meus cuidados. Mas, mesmo estando boa, não poderia deixá-la.

Ela falava calmamente, com uma doçura que me impressionava. Tinha todos os motivos para ser rebelde, revoltada, e estava ali, dando-me uma lição de moral sem perceber. Graças aos céus, comigo não fora criada... eu teria despejado todo o meu ódio e revolta em alguém que só tinha amor por mim.

– Desculpe, mais uma vez estou sendo egoísta. Na verdade, devo muito a ela, e a primeira coisa que farei quando já estiver recuperado é ir vê-la para agradecer os cuidados que teve com você. O piano é seu. Quer que o mande para a casa de sua avó?

– Na minha casa já tem um. Este aqui lhe faria falta. Virei tocar quando quiser. Agora, tenho de ir.

E, assim falando, passou as mãos em meus cabelos e me beijou a face. Mais uma vez fiquei mudo, estático.

A beleza de Elisa vinha da alma.

Quando ela se foi, recostei mais a cadeira, despejando nela todo o meu cansaço. Logo meu filho veio me chamar para subirmos, pois ele iria me ajudar.

Deus! Eu tinha um tesouro e não soubera ler o mapa. Enterrara meus sentimentos tão profundamente que me perdera. Graças à bondade de uma velha senhora estava de novo ao convívio de meus entes queridos. Se eu merecia? Não sei... Só sei que teria de aproveitar todos os momentos. Perguntei ao meu filho sobre Leon e se um dia ele iria me perdoar. Meu filho não respondeu. Continuou me ajudando como se não tivesse escutado.

Depois da roupa trocada, barbeado, tomei um prato de caldo quente e fui me alojar entre os lençóis limpos. Tudo cheirava bem... Como ansiava por aquilo. Dormi a sono solto. Parecia mais leve... o peso de todos aqueles anos tinha ido embora. Eu estava bem graças àquela doce velhinha. Teria de ir vê-la para agradecer o que fizera por mim e pela minha família.

Foi a primeira providência que tomei depois do desjejum.

Pedi ao motorista que me levasse ao endereço por ele já conhecido e logo estava diante da casa.

Desci do carro e me encaminhei à porta. E ela se abriu, como se esperasse por minha chegada. Mas era para dar passagem a alguém:

– Elisa! Você aqui!

Ela, puxando a velha pela mão, apresentou-me:

– Esta é a amiga de que lhe falei. Foi ela que me ajudou a entender a vida.

– Eu já a conheço. Foi ela que me fez refletir sobre meus erros, por essa razão estou aqui. Mas não vá embora, faça-me companhia.

Não era um pedido, era um apelo...

Minha filha me olhou, olhou para a boa e velha senhora, e concordou.

Como sempre a casa estava muito iluminada e cheia de flores.

A senhora me indicou o banquinho e ficamos os três ao redor daquela mesa com uma toalha muito alva e um jarro de flores. Ficamos um tempo em silêncio e a senhora começou a falar. Eu estranhei sua fisionomia e senti um arrepio percorrer meu corpo.

– Abençoada seja... filha do destino. Segue em paz sua vida, começando a preparar seu futuro. Leon é um bom homem... seja feliz. Não precisa mais de mim... Toque Chopin para o seu pai. Que ele tenha achado seu caminho... – A senhora abriu os olhos, tomou a mão de Elisa, colocou sobre a minha e disse que todos estávamos em paz. Mágoas seriam esquecidas e o amor renasceria para a família Albuquerque.

Eu retirei minha mão, pois me lembrei de que ela não usava meu sobrenome.

– Você não foi registrada por mim, mas seus avós poderiam ter colocado seu sobrenome igual ao dos seus irmãos.

– O senhor não me queria... fui adotada pela família de minha mãe, mas isso é passado. Meu irmão, durante o tempo em que o senhor esteve fora, cuidou para que isso fosse mudado. Ele contou de sua indignação quando soube como me chamava. Quando pensou que o havia perdido, quis fazer o que o senhor gostaria. Eu sou uma Albuquerque e tenho muito orgulho disso. Sei de toda a história... Eu o amo, pai. Quando entendi o porquê de sua revolta, ia sempre vê-lo de longe. Quando o senhor esteve doente, vi-o na janela e fiquei feliz por sua recuperação. Só lamento não ter tido mais tempo com minha irmã, mas, apesar de sua proibição, ela me procurou e passamos longas tardes juntas. Ela não aceitava conselhos e eu não podia interferir em sua vida, víamo-nos muito pouco, cobranças seriam inúteis... Senti muito quando ela se foi, mas aprendi com minha boa amiga a lhe enviar alento por meio das orações. Sei que agora está bem. Todos ficaremos bem. Mas tenho de ir, minha avó me espera.

– Posso acompanhá-la? Tenho muito que agradecer. Minha dívida é grande e é bom eu começar a pagá-la agora, antes que meu tempo expire.

Minha filha acariciou minha mão e falou:

– O senhor ainda tem um longo caminho a percorrer... netos, lembra? O senhor não os tem. Vai querer partir sem ter a graça de conhecê-los?

Eu fiquei boquiaberto.

– Você está grávida? Leon não soube respeitá-la... ele vai se ver comigo!

– Calma, meu pai! Estou falando do futuro!

Ela era graciosa... seu falar era dengoso, só faltava em sua mão o lencinho. Como era linda minha filha! Perdi tanto tempo... teria de me redimir. Beijei a mão da bondosa senhora e dei o braço à minha filha para caminharmos. Como já estava me habituando, dirigi-me à porta oposta a que entrei.

– É frequentador de fato desta casa! – disse minha filha com ar zombeteiro.

Ela irradiava alegria. Era o sol que viera aquecer os meus dias. Fomos direto à casa onde morava. Eu fiquei meio retraído. Será que seria bem recebido? Quase tirara a vida de minha filha e isso podia não ter sido esquecido.

Ela, quando sentiu que eu vacilava, apertou minha mão e me conduziu para dentro da casa.

12 | Sabedoria

Quantas lembranças... quanto tempo se passou...

Sentada entre almofadas a lhe equilibrar, estava uma senhora. Apesar dos anos passados, ainda conservava o ar austero. Dirigi-me a ela e osculei sua mão. Ela era sabedoria nata.

– Acordou a tempo... Tem uma joia preciosa; tem sorte, meu amigo!

– Obrigado por ter cuidado dela com tanto esmero. Ela se tornou uma flor de pessoa – falei, querendo me desculpar.

– Eu e meu marido nada fizemos para recebermos seu agradecimento. Ao contrário, apesar de toda a dor, eu é que lhe agradeço. Perder Bárbara foi um golpe duro demais, mas ficar com Elisa foi uma bênção que não esperávamos... Ela foi a força de que precisávamos para seguir adiante. Ainda pequena em seu bercinho, ela nos transmitia paz e alegria. Quando começou a entender a vida, aí sim ficou pesarosa por não viver com os irmãos. Sentiu-se culpada pela morte da mãe, e isso foi culpa sua.

– Vó, por favor! Isso já passou...

– Está bem, minha filha. Desculpe. Eu falo demais. É bem-vindo a esta casa. Bárbara, onde quer que esteja, ficará feliz.

Eu estava emocionado. Minha filha me defendia e eu era agradecido a Deus por isso. Era muito mais do que merecia. De novo, puxando-me pela mão, ela me levou até a saleta que eu bem conhecia.

– Sente-se – pediu. – Tocarei para o senhor.

E, ali sentado, voltei ao passado... Fiquei enlevado escutando Chopin.

Bárbara... Elisa... Como eram parecidas. Lembrei-me de meu noivado e como no início as coisas foram difíceis. Fui adiante, lembrando da chegada dos gêmeos e da felicidade que irradiava na casa depois da notícia de nova gravidez e...

Voltei à realidade. Não queria mais pensar na morte de minha Bárbara. Ela me deixara Elisa e por isso eu lhe seria agradecido. Agora, recuperaria o tempo perdido. Escutei alguém bater à porta e voltei à realidade do momento. Elisa parou a música e foi atender.

– Leon! Que bom que chegou. – A voz dela irradiava felicidade.

Leon... meu velho amigo. Amigo por mim esquecido, afastado de meu convívio! Esse, com certeza, não iria me perdoar. O desespero dele com Elisa caída em seus braços ainda era claro em minha mente. Eu não me mexi do lugar. Fiquei esperando, meio constrangido, sentado ali naquela sala onde muitas vezes fora bem recebido por Bárbara.

Ele se demoravam... Com certeza, Leon se recusava a falar comigo. Não queria impor minha presença naquela casa; eu não podia agora voltar e querer que tudo estivesse ao meu gosto. Levantei-me, peguei meu chapéu, que Elisa tinha colocado sobre o piano, e me encaminhei para a porta.

– Onde pensa que vai? Acabou de chegar. Cansou de me ouvir tocar? Mas foi tão pouco...

E, tomando-me pelo braço, ela me conduziu de volta à cadeira, enquanto eu e Leon trocávamos olhares.

Depois de me fazer sentar, ela colocou uma cadeira ao meu lado e indicou a Leon.

Era como se nada tivesse acontecido e estivéssemos ali, juntos, para ouvi-la tocar.

Aquela música... fechei os olhos e vi Bárbara dedilhando o piano. Embalei-me nesse toque maravilhoso e senti como se estivesse com a alma lavada, solta, flutuando sem o meu pesado corpo. Senti alguém tocar em meu ombro e despertei.

– O senhor está se sentindo bem? – perguntou-me, gentilmente, Leon.

– Muito bem, meu amigo. Se me permite chamá-lo assim. Há muito tempo não me sinto tão bem! Senti sua falta. Desculpe este velho arrogante, que não sabia nada da vida.

Eu não queria feri-lo, queria apenas assustá-lo, nem sei bem por quê. Você foi uma das melhores pessoas com quem já convivi. Devia ter dado mais valor a sua amizade. Acho que fiquei com ciúmes... Eu não tinha minha filha, mas você tinha Elisa. Isso fugiu a minha compreensão. Espero que um dia você possa esquecer tudo. Seja bem-vindo a minha família, espero que eu seja bem-vindo na vida de vocês.

A música parou e aplaudimos o breve recital. Elisa veio ter conosco, toda sorridente.

– Fizeram as pazes? Agiram como crianças, mas eu sabia que a música os uniria novamente.

Como minha filha era sábia. Colocando-nos um ao lado do outro, ela dispensou o que seria desgastante.

Agora, com ela ao nosso lado, dávamos boas risadas, esquecendo o que ficara para trás. O casamento foi marcado para dali a trinta dias...

Ela temia pela saúde da avó e queria tê-la nas bodas, por essa razão a pressa. Meu filho ficou radiante com os acontecimentos. De novo a casa encheu-se de alegria. Volta e meia, lá estava Elisa ao piano, não deixando a casa se entristecer novamente. O tempo dela era precioso, tinha de dividi-lo com todos, mas não esquecia ninguém. Várias vezes me chamara para visitar a boa senhora, que de feitiços não enganava ninguém. Era uma sábia como minha filha, só que tinha contato com aqueles que haviam partido desta Terra. Muito estranho, eu achava, mas Elisa considerava tudo natural e participava cada vez mais dos rituais.

Fiquei tão envolvido com a festa de casamento, que nem me dei conta de que os dias passavam depressa. A casa que Leon adquirira fora alugada, pois seu ganho o ajudaria nas despesas com a nova família. Eles morariam com a avó. Elisa não quis deixá-la, apesar dos protestos de sua avó, que dizia ter os empregados e que Elisa deveria viver uma nova vida com o marido. Com o jeitinho meigo, que lhe era peculiar, minha filha fê-la ver que seria mais fácil tê-la por perto do que chamá-la quando precisasse. A casa, como outrora, estava cheia de flores. Eu fiz questão de cuidar de tudo. Tudo era novidade, era maravilhoso. Agradecia a Deus todos os momentos por me permitir tão feliz convívio.

No dia do casamento, arrumei-me com aprumo. Seria especialíssimo. Meu melhor amigo e minha filha, que eu pensava perdida, iriam se unir.

Foi maravilhoso! A alegria imperava naquela casa, até dancei uma valsa, coisa que nem pensei que sabia, mas minha filha era envolvente, transformava o não em sim sem a pessoa se dar conta. Meu filho era alegria estampada; ajudara a irmã nos preparativos e fizera questão de presenteá-los com uma viagem marítima de primeira classe. Eles iriam conhecer as Ilhas Virgens, onde passariam suas primeiras semanas juntos, longe de tudo e de todos. Eu me encarreguei de visitar minha sogra todos os dias.

Não foi nenhum sacrifício... ficávamos horas conversando, revivendo o passado. Mágoas já não existiam; havia sim boas lembranças da época do nascimento dos gêmeos. Sentia saudade de minha filha e vi que o convívio com a avó não fora pouco.

Eu nada sabia; também, como poderia? Sempre envolvido com trabalho, e depois afogado na bebida, não fora nenhum exemplo de virtude. Tudo poderia ter sido tão diferente, bastava um pouco de entendimento... Bárbara se fora, mas deixara um pedacinho dela comigo. Um não! Três! Mas, no meu desespero, pensando apenas em meu sofrimento, parti em três a família. Meu filho, também já arranjado, planejava se casar, mas sem grandes alardes. Isso ficou bem claro no dia em que trouxe a mocinha já com aliança de noivado no dedo. A avó era só felicidade. Eu ainda era meio retraído, não dava vazão à felicidade. Pensava que, se meu filho fosse embora, eu ficaria naquele casarão sozinho. Mas, para minha surpresa, ele me convidou para morar com ele.

– Seria de muito gosto – respondi. Não gostaria de viver o resto dos meus dias numa casa abandonada de risos e alegria. Mas como poderia abandoná-la? Levara anos para adquiri-la, anos para mobiliá-la e outros tantos para conservá-la. Como poderia dispor agora disso tudo? Assim, propus que viessem morar comigo!

Eu sabia que meu filho não aceitaria. Na mansão, eu não permitiria que se trocassem os móveis de lugar, a pintura, os objetos decorativos... iria querer tudo igualzinho, como na época de Bárbara. E ele sabia que, continuando naquela casa, o único lugar que poderia mudar seria seu quarto.

– Pai, se o senhor me permite, e se me escutar até o fim sem intervir, vou lhe mostrar como poderá conservar a casa e ter muitas Bárbaras andando por ela. Um conservatório, meu pai. Um conservatório de piano. A cidade está precisando... Nem todos, como Elisa, podem pagar pela aula de piano. O senhor poderia administrá-lo com a ajuda de

Elisa. Os alunos que tiverem condições pagam, e o senhor dará aos menos favorecidos condição de aprender. Elisa vai morar com a nossa avó, e o senhor vai morar comigo; portanto, a mansão estará disponível. Será bom para o senhor e ótimo para Elisa. Ela não precisará mais dar aulas em casa e continuará fazendo o que mais gosta: lecionar e tocar piano. E então? O que acha de nosso plano?

– Nosso? – perguntei a ele. – Você e sua noiva já falaram sobre isso?

– Não, pai, eu e Elisa. Antes de ela viajar, contei-lhe a minha ideia e ela vibrou de alegria, dizendo que rezaria todas as noites para que o senhor a achasse boa também.

Desfazer-me do meu lar? Nunca pensara nisso.

– É uma proposta e tanto – falei a ele –, mas não sei se saberia viver em outro lugar. Ali estão minhas recordações... Eu respiro o passado... Como poderei viver sem tudo isso?

– Viver, pai? O senhor sem querer tem a resposta. Há quanto tempo o senhor não vive plenamente? Desculpe minhas palavras, mas o senhor vive vagando. Lembranças boas não devem ser esquecidas. Minha mãe e minha irmã continuarão em seus pensamentos, mesmo que a casa não seja a mesma. Melancolia, pai! Naquela casa se respira tristeza... Mas é o senhor que deve decidir. Tem de ser feito de coração, despojado de tudo o que ficou para trás. Antes de o senhor decidir, quero levá-lo para conhecer a casa que acabei de adquirir. Somos quase vizinhos... Ela fica duas ruas depois da sua. Vamos até lá agora. Aproveitarei e levarei minha avó para conhecê-la.

Eu assenti com a cabeça, pois me faltaram palavras. Ele, decerto, já havia falado com a avó, pois logo apareceu com ela nos braços e caminhando em direção à porta, sem me dar tempo de refletir. Fizemos o caminho em pouco tempo. E, como ele falou, éramos quase vizinhos.

De relance, vi que a casa era muito agradável. O jardim todo florido pela época dava um ar de boas-vindas a quem o olhasse. A casa toda pintadinha de azul e rosa fazia um contraste, que eu nunca pensei que daria certo. Pedras portuguesas no caminho e um gramado bem cuidado, muito verdinho, onde não se via uma folha, compunham a entrada. Apesar de viver ali há muitos anos, não a conhecia. De novo, meu filho pegou a avó nos braços e entramos na casa. Ela era belíssima! Tão diferente da mansão... ambientes claros, peças modernas, grandes janelas com cortinas de tecido fino, que esvoaçavam com o vento. Cordões brancos trançados faziam o repuxo para que a claridade penetrasse na casa. O chão, muito alvo, cuidado com esmero, dava a sensação de que cada passada o sujaria. A casa era ampla, mas tinha apenas um andar. Meu filho se dirigiu a uma das portas do longo corredor e fez sinal para que o acompanhasse. A avó ele deixara sentada numa das poltronas que compunham o ambiente e eram tão alvas quanto o piso. Nunca havia visto esse tipo de decoração, devia ser coisa de meu filho; talvez estivesse cansado de tanta austeridade e cores deprimentes. Na minha casa eu optara pelo cinza e negro, e as cores pastel serviam apenas para contrastar. Com essas comparações, cheguei aonde meu filho estava. Ele pediu que eu entrasse na sua frente. Deparei com um cômodo de acomodações simples, mas belíssimas... uma cama que parecia aconchegante, cheia de almofadas coloridas... uma cadeira de couro, como a que eu tinha em meu quarto, e uma estante cheia de livros. A cortina era tão alva quanto a da sala. Ele pediu que eu a puxasse para os lados e assim percebi que não se tratava de janela e sim de duas portas de vidro. Logo vislumbrei o que havia lá fora: um jardim com diversos tipos de plantas. Caso eu concordasse, aquele seria o meu quarto. O jardim não fazia parte do resto da casa, ele pertencia somente àquele quarto. Do lado de fora, quando chegamos, não pensei que fosse tão grande. No canto, uma pequena gruta com minha santa de devoção, um banco com assento meio reclinado e, por cima dele, um lindo caramanchão. As trepadeiras desciam e ornamentavam o local. Havia até uma pequena árvore coberta de flores lilases. Meu filho não se esquecera de nada.

– Como conseguiu? – perguntei espantado.

– O dono anterior tinha algo em comum com o senhor: gostava de se isolar. Foi uma sorte ter conseguido esta casa. Se o senhor vier morar aqui, ninguém vai incomodá-lo.

– Belíssimo! – exclamei. – É um lugar perfeito para a meditação.

– Então, o senhor aceita? Virá morar conosco?

– Não poderia viver sozinho – respondi. – E você está me proporcionando o lugar ideal para passar as horas que me restam desta minha trôpega vida.

– Não será assim, pai! Esqueceu que terá de novo de trabalhar? O conservatório não andará sozinho e Elisa sabe tocar piano, e não conduzir negócios... Mas vamos entrar que ainda tenho outra surpresa.

Foi então que percebi que na parede lateral à da cama tinha algo coberto com um lençol.

– Vamos, pai, puxe! Veja a surpresa!

Eu fiquei temeroso, não estava acostumado a tantos mimos. Puxei o pano devagar e visualizei, aos poucos, minha doce Bárbara. Então chorei de novo. Lágrimas pesadas que, se pudessem, penetrariam no chão e iriam até as profundezas da terra. Chorei de emoção, de alívio, de tristeza, de arrependimento, de não ter cuidado deles.

Meu filho me abraçou, dizendo que tinha certeza de que eu gostaria de tê-la naquele quarto comigo.

– Obrigado – consegui dizer. – Você é igualzinho a ela, que bom que não ter saído parecido comigo.

– Não fale assim, pai! Tentou fazer o melhor, mas se perdeu no caminho. Está de volta, isso é que é importante! Agora, vamos para a sala que minha avó nos aguarda, depois vou lhe mostrar o resto da casa.

Quando chegamos à sala, percebi que nossa ausência pouco fora notada. Minha sogra confabulava alegremente com a mais nova pretendente à família Albuquerque.

Meu filho foi até a avó e levou-a para que conhecesse todos os ambientes. Ela ficou encantada! Tinha até um quarto decorado para ela, quando fosse dormir lá.

– Não era preciso, meu filho – disse ela carinhosamente. – Esta velha não se ausenta mais de casa, a não ser por um motivo tão especial quanto este.

– Todos os fins de semana vou buscá-la. O meu pai terá uma boa companhia para as preciosas recordações. Comprarei uma boa cadeira de rodas que vai lhe proporcionar comodidade para transitar por onde quiser. Por que acha que adquiri essa casa de um só andar? Quero-os sempre comigo e conto com o apoio e a compreensão de minha futura esposa.

A moça sorriu, mostrando que concordava plenamente com a atitude dele.

13 | O conservatório

Um tempo se passou depois da visita a casa. Minha filha voltara da viagem e meu genro assumira lugar na casa bancária. Era o que meu filho estava esperando para as bodas. Ele teria de se ausentar alguns dias do trabalho e contava com Leon para substituí-lo.

Foi tudo muito rápido e informal. Meu filho aproveitou a antiga casa, agora vazia, pronta para se tornar um conservatório, e fez uma pequena reunião. Foram convidados os familiares mais chegados e os colaboradores da casa bancária. Já estávamos morando na nova casa e todos os empregados nos acompanharam. Então, já na velhice, renasci.

A primeira providência foi trocar minha bengala. O dourado já não tinha importância... A figura que queria parecer ficou longe... lá no passado. Não queria que me acompanhasse nada que lembrasse meus erros. Eu tinha de aproveitar a chance que a vida estava me dando de conviver bem com os meus entes queridos.

Elisa era uma dádiva dos céus. Todos os dias, bem cedinho, ela vinha me buscar para acompanhar a reforma da mansão. Tanto ela quanto meu filho tinham ideias arrojadas. Ela não queria muros em volta da casa nem portões.

– O acesso será melhor – dizia.

Eu concordava com tudo, ainda mais que os planos eram sugeridos com sorrisos e beijos... não pensei que, restando tão pouco de minha estada nesta Terra, ainda pudesse viver momentos tão maravilhosos.

Com o retorno de meu filho, tudo voltou ao normal, ou quase. Ele também tinha muitas ideias a respeito do conservatório.

Foram adquiridos e espalhados pela mansão muitos pianos... Contrataram-se professores... e chegou o grande dia, o dia da inauguração.

Tinha banda de música, fazendeiros de todas as localidades, garçons, que serviam bebidas e salgadinhos, e crianças correndo por todos os lados.

Eu estava tonto, zonzo. Minha casa estava uma balbúrdia. Cumprimentavam-me efusivamente pelo grande feito, mas eu nada fizera para receber os louros da glória. Só concordei com a ideia de meus filhos. Eles, sim, mereciam aplausos, porque, daquele dia em diante, respirava-se música naquela casa. Crianças, adolescentes... não pensei que tantos se interessassem pelo instrumento preferido de Bárbara.

Todos os dias pela manhã eu ia, no meu passo agora compassado, até o conservatório. Fazia as matrículas dos novos alunos e separava com mais atenção aqueles que nada podiam pagar. Mas a separação era só no papel, porque para minha Elisa, perante a música e Deus, eles eram todos iguais.

O movimento era constante e, desde a data da inauguração, a casa não ficou mais fechada. Nos fins de semana havia recitais e um entrosamento constante entre os habitantes daquela região. Eu chegava a casa extasiado. Estava feliz como nunca pensara que seria depois de perder minha Bárbara, mas os filhos deixados por ela não me deixaram sucumbir na armadilha que eu próprio havia criado. Eu ficava horas naquele salão, ouvindo os acordes dos diversos pianos, e saía dali fortalecido para o amanhecer de um novo dia. Minha redenção começou quando aquela senhora me encontrou à beira da calçada, levada por Bárbara. Apesar de pensar que já tinha a morte como companheira, daquele dia em diante vivi intensamente.

À noite, debaixo do caramanchão, isolado em meu ninho, conversava com ela e contava as novidades do dia. Às vezes, adormecia, sentado no banco, até meu filho vir me dar boa-noite.

***

Certo dia, distraído em meus afazeres, ouvi um burburinho. Levantei a cabeça e vi que várias crianças se aglomeravam na porta do conservatório.

"Elisa! O que está acontecendo?", pensei.

Procurei ao redor e minha filha não estava lá. Levantei-me, peguei minha companheira inseparável e, com passos curtos, mas apressados, fui ver quem era responsável por tamanha balbúrdia. Do lado de fora, uma menina franzina, negrinha, com seu vestido comprido florido e cabelos presos em duas esticadas tranças, estava parada, amedrontada, no meio da escadaria.

– O que se passa? – perguntei para uma das crianças.

– Ela não faz parte da escola! – uma delas me respondeu.

– Já perguntaram o motivo de sua vinda?

– Lógico que não! – outra me respondeu, continuando: – Ela é filha da velha feiticeira...

Então, olhei mais distante e vi uma figura por mim conhecida. Ela me cumprimentou com um balançar de cabeça e me indicou a menina.

– É minha neta. Elisa pediu que ela viesse. Venho buscá-la mais tarde.

Assim dizendo, foi embora, caminhando lentamente. A menina fez menção de segui-la, mas eu me antecipei, tomei sua mão e a conduzi para dentro do conservatório, onde estavam as outras crianças.

– Esta senhorita veio aprender o mesmo que vocês. Espero que lhe deem boas-vindas. – Com essas palavras dei início à nova balbúrdia: todos queriam saber seu nome, onde morava, e já não se importavam com o parentesco que tinha.

Fiquei impressionado com a facilidade de as crianças mudarem o rumo das coisas. Fui procurar Elisa e deixei a pequena aos seus cuidados.

Naquela casa não havia diferença social. Para Elisa e eu, aquelas crianças sentadas no banquinho do piano só eram diferenciadas pelos acordes mal tocados...

Um tempo se passou... a menina surpreendeu a todos. Seus dedos pareciam mágicos... Os acordes tirados por ela inebriavam quem a escutasse. E um dia, tocando Chopin, eu me senti voltar ao passado e viajei no tempo, pensando que quem tocava era Bárbara.

14 | Silêncio profundo

Despertei em um leito muito alvo. Parecia perto da casa de meu filho, mas pessoas diferentes transitavam e eu me perguntava onde estava.

"Num hospital", pensei. Devo ter tido uma daquelas crises e me hospitalizaram... nem Leon, nem Elisa, nem meu filho... onde estariam? Quando me via doente, sempre tinha um deles à minha cama... eu estava só e senti medo.

Queria chamar alguém, mas o silêncio fazia parte daquele lugar. Temia que minha voz espantasse os outros, pois pareciam dormir.

Leitos como o que eu estava enfileiravam-se lado a lado em grande carreira.

Lugar estranho... Silêncio profundo... Quando alguém passou por mim fiz um psiu baixinho... Quem estava passando me olhou e colocou dois dedos nos lábios pedindo silêncio.

Eu estava me sentindo bem e não ficaria ali prostrado como um inválido. Iria procurar alguém que me desse atenção. Chamar de onde estava não poderia, tinha os outros pacientes que, com certeza, não gostariam de ser incomodados. Puxei o lençol e já ia me levantar quando senti uma mão em meu ombro. Nem o tinha visto chegar.

– Fique mais um pouco – disse ele. – É para o seu bem. Esse repouso é reconfortante. Logo virão atendê-lo e trarão o que for preciso. Não precisa ir até eles, eles virão até aqui.

– Eles, quem? Você não trabalha aqui?

– Sou um hóspede como você, só que já caminho e procuro aprender e entender de tudo um pouco.

– Eu posso caminhar, tenho certeza de que consigo. Não vou ficar nesta cama como se estivesse muito doente. Estava escutando a menina tocar e adormeci. Devo ter tido uma síncope, mas já estou bem. Poderia então me fazer um favor? Já que conhece bem o ambiente, poderia encontrar os meus filhos? Devem estar aguardando minha recuperação em alguma sala de espera.

– Ainda não sabe onde está?

– Em um hospital, com certeza! Ainda não perdi o tino, só não sei em qual me encontro, não o reconheço; acho que nunca estive internado aqui.

– Com certeza, nesta vida que viveu agora, é a primeira vez que aqui se encontra, mas eu não sou o mais indicado para lhe esclarecer os fatos. Vou voltar a caminhar, porém não se preocupe, terá companhia sempre.

Ele foi se afastando depois daquelas palavras estranhas. Devia ser um daqueles pregadores que andam pelas casas de saúde levando a palavra de Deus. Eu estava inquieto. Olhava para os lados e via que só eu estava acordado.

"Devo estar com a saúde melhor que a deles", pensei. Apesar dos meus oitenta e cinco anos, sentia-me forte. Trabalhar no conservatório renovara as minhas forças. Como o tempo havia passado depressa. Já tínhamos vários alunos formados, inclusive alguns aproveitados para permanecer como professores... Lembrei com tristeza o dia da partida de minha sogra.

Elisa estava trabalhando quando vieram chamá-la, pois a avó estava passando mal. Ela não chegou a ser hospitalizada; assim que a neta chegou a casa e a abraçou, ela se foi com um sorriso nos lábios, como se dissesse que sua missão estava cumprida.

Eu acompanhei Elisa e assisti a todo o seu sofrimento. Quem partia era a avó e mãe, o alicerce de sua vida. Ela me abraçou chorando e eu fiquei sensibilizado. Não queria que minha filha sofresse mais, porém era impossível ir contra as leis da natureza. O bisneto que a avó tanto queria não chegara. Nem ela, nem meu filho tinham tido essa graça.

Com a partida da avó, Elisa cada vez mais se dedicava ao trabalho. Quando encerrava o expediente, ficava horas ao piano, até a chegada de Leon, que a levava para casa. Lembrei então que ela devia estar muito preocupada comigo. Queria que alguém viesse me atender para mandar-lhe notícias.

– Eles estão bem – alguém falou mansamente. – Os quatro são ótimos amigos e continuarão sua obra.

– Não entendo, de quem está falando? Errou de leito. Tenho dois filhos e, com certeza, estão preocupados. Estou esperando alguém que possa levar notícias minhas a eles.

– Tenho alguém aqui comigo que vai lhe dar assistência e as explicações necessárias.

Só então observei que tinha mais alguém com ele. Ela passou a sua frente e qual não foi meu espanto?

– A senhora! Estou louco? Variando? A senhora há muito desencarnou... Só pode ser miragem! Está de pé e mais jovem... como pode?

– Meu amigo... como já falou, desencarnei. Vivo agora em um mundo paralelo ao que estávamos, e o senhor também. Aquela vida de antes ficou para trás, aprenderá a viver com isso e encontrará a paz.

– Viver! Acabou de dizer que estou morto! Isso tudo é um pesadelo!

Joguei minhas cobertas para longe e saí correndo. Logo parei de chofre! Eu estava correndo... como podia? Então comecei a passar a mão em meu corpo e vi o quanto estava diferente. Olhei para trás e quem fora minha sogra estava me esperando. A claridade do lugar ali fora era tamanha, só agora tinha percebido. Cheguei até ela e fui me desculpando.

A velha já havia me falado sobre a vida espiritual depois que desencarnamos. Na minha angústia e na ânsia de ver meus filhos, não percebi que já estava em outro mundo.

– Voltarei para o lugar a mim destinado. Por favor, faça-me companhia, estou perdido... Tenho medo, não sei o que virá depois.

Ela colocou sua mão sobre a minha e disse que eu não mais precisaria voltar ao repouso. Poderia caminhar com ela e, assim, aos poucos, tudo entenderia.

Fomos até um jardim e ficamos em um banco, sentados e observando o que se passava ao redor.

– Pessoas trabalhando? – perguntei a ela, ao observar um senhor cuidando das flores.

– Pessoas não, espíritos... esse que está cuidando do jardim, em sua vida terrena, foi um devastador. Fazia queimadas e colocava, com sua serra, árvores centenárias no chão só para obter bons lucros. Nunca plantou uma semente sequer. Agora quer se redimir e mais tarde reencarnar com o propósito de preservar o meio ambiente. Deus coloca à disposição dos seres humanos tudo de que podem precisar, mas estes devem usar com consciência, o que não aconteceu com ele.

– Já que aqui estão os que fizeram a passagem... poderia então ver minha filha?

– Olha, ainda tem muito a aprender. Primeiro, deve ter paciência... tudo virá a seu tempo. Se não puder vê-la, com certeza, terá notícias dela. Agora, vamos, ainda temos de caminhar até chegarmos ao lugar onde ficará.

– Engraçado... Todos se vestem igual. Eu pensava que, desencarnando, não precisaria mais de roupa... esses camisolões que usam, onde são feitos?

– São plasmados... aqui encontrará tudo o que tem na Terra em que viveu, só não encontrará a intolerância, a ganância, a vaidade, o querer ser melhor que os outros. Nomes, sobrenomes... nada disso agora tem importância.

– Por favor, pare! Escute! Está ouvindo essa música? Bárbara a tocava para mim. Eu a estava escutando quando desencarnei. Por que a ouço agora?

– Às vezes, escutamos o que queremos ouvir. Você não perguntou por Bárbara, mas queria a todo o tempo saber onde está. Lembra-se da menininha que acolheu no conservatório?

– Era Bárbara? Ela reencarnou e agora é neta da velha?

– Não perguntou por sua filha? Agora, na nova vivência na Terra, ela é aquela garotinha, exímia pianista. Na encarnação anterior, quando era sua filha, nada lhe faltou e a nada deu valor. Agora, como filha de pessoas humildes, ela resgatará o que deixou para trás. Manterá contato com aqueles que fizeram parte de sua família e conseguirá a alegria e um viver dignificantes, o que não conseguiu como uma moça de posses. Elisa quase a adotará. Fará dela alguém de que todos sentirão orgulho, apesar de ainda existir preconceito quanto a sua cor. Foi opção dela voltar assim. Todos aqui têm o livre-arbítrio, depois de tomarem consciência dos caminhos trilhados... há o aprendizado dos feitos de outrora. Reencarnando, como fez sua filha, terá com certeza o resgate dos feitos conseguido.

– Então, em tudo isso que me diz, a única certeza que tenho é de que minha filha não existe mais!

– O espírito permanece agora em outra vivência... e, cada vez mais, com experiência para uma nova reencarnação.

– Não entendo tudo isso. De que adiantou tanto sacrifício em criá-los? Agora que desencarnei, perdi-os.

– Se pensa assim, meu amigo, ainda não aprendeu nada. Tem muito que caminhar e já chegamos onde começará os primeiros aprendizados. Eu o deixo com a certeza de que encontrará a paz para o seu espírito. Ainda tem de se desvencilhar do que chamam de matéria. Ainda pensa que está encarnado, mas logo compreenderá tudo.

E, assim dizendo, ela se foi, deixando-me à porta do que seria na Terra um templo. Por que ela me deixara sozinho? Ficaria perdido naquela imensidão?

Escutei uma música suave e fui entrando, indo em direção a ela. Cheguei a um lugar muito iluminado, onde havia várias pessoas sentadas. "Pessoas"?

Ninguém parecia perceber minha presença. Vi um lugar vago e me sentei. Fiquei prestando atenção em quem pregava. As palavras começaram a fazer efeito.

Parecia que ele falava de minha vida, das coisas acontecidas e dos caminhos errados que eu havia trilhado. Falou da soberba, do individualismo, do querer ser melhor que outros semelhantes, do esquecimento de Deus e da igualdade dos seres. Falou da união das famílias, da falta de atenção aos acontecidos, porque só havia olhos para "si próprio".

Ele falava dos filhos abandonados à própria sorte, por falta de um amor maior. Apesar de tantas figuras ali, naquele recinto, parecia que ele se dirigia a mim. Eu comecei a ficar incomodado; ficava olhando para os lados como se pedisse ajuda para sair dali.

Parecia que ninguém me via. Quem pregava começou uma oração e logo em fila indiana todos se dirigiam a ele, tomando direções diversas. Eu me coloquei no fim da fila; ainda estava receoso, para aonde iria? Chegou minha vez de ter com ele, que me saudou como se há muito me conhecesse; indicou-me uma porta e pediu que para lá me encaminhasse. Sem nada dizer, fiz o que me pediu e, assim, fui para um lugar completamente diferente de tudo o que já havia visto.

Um céu azulado como eu via da Terra, estrelas no infinito... mas eu não estava no infinito? Então como podiam as estrelas estar acima de mim?

– Compreensão... – falou alguém atrás de mim.

Virei-me e vi um senhor de aparência bondosa, que não se vestia com o camisolão.

– Pode me explicar o que acontece?

– Estou aqui para isso – respondeu claramente. – Tudo o que quiser saber até tomar outro caminho.

– Obrigado. Estava me sentindo só, perdido, nesta imensidão de lugar.

– Nunca estamos sós. Esqueceu do que já lhe falaram? Mas, vamos, vou lhe mostrar onde seu espírito ficará abrigado.

Era uma casa simples, modesta mesmo. Uma mesa, uma cadeira, uma moringa e um copo sobre ela. No mesmo ambiente uma cama, uma mesinha ao lado e vários livros empilhados.

– É aqui que vou ficar? Quem fará minha comida? Como vou me alimentar?

– Ainda tem fome... mas isso logo acabará. Está vendo aquela moringa? Ali tem tudo de que vai precisar. Você necessita de momentos de reflexão para se desvencilhar do estigma que trouxe de sua vivência na Terra; então leia, é importante. Vou deixá-lo, mas logo volto.

E, assim que ele se foi, fui direto ver o que havia na moringa. Água! Então ele estava pensando que minha fome passaria com água! Fiquei desanimado. Sentei-me na cama e comecei a folhear os livros. Senti sede e usei o que tinha ao meu alcance. Assim que bebi a água, fiquei sonolento. Estirei-me na cama e retornei à vida na Terra, mas como observador. Os fatos acontecidos desfilavam em minha frente. O abandono da minha primeira família, que nunca mais procurei... senti saudades... e lamentei tê-los deixado sem saber se precisavam de ajuda. Ignorei-os. Como pude?

Depois, vi Bárbara e seu pai, e a negociação da dívida. Poderia ter feito diferente: ele pagaria aos poucos e eu conquistaria o amor de Bárbara. Mas usara a artimanha da dívida não paga e a obrigara a aceitar o meu pedido de casamento.

Só me interessava o sobrenome, mas o destino me pregara uma peça e me apaixonara perdidamente.

Depois ouvi um choro constante. Vi um recém-nascido e eu o rejeitando. Então, comecei a gritar. Não! Não quero que a levem... Elisa! Deus! Por que fizera tudo aquilo?

O cheiro da bebida... que cheiro forte!

Olhei e vi minha pequena filha embriagada. Comecei a chorar esticando os braços para ela. Filha, perdoe-me.

Não siga o mau exemplo de seu pai! Deus! Ajude-a! Não a deixe trilhar o caminho que trilhei. Vi Elisa caída e o sangue em seu corpo jorrando... Meu Deus! Eu não queria... perdoe-me... Senti o abraço de meu filho e de Elisa... Chopin tocando. Comecei a despertar e vi que tudo tinha sido um sonho.

Aquele senhor estava de pé ao lado da cama me observando.

– O que aconteceu? – perguntei, assustado.

– Reviu os erros do passado, e teve a consciência de que estava errado. Perdão é uma palavra mágica quando dita com fervor, e foi isso que fez.

– Estou perdoado pelos meus erros?

– Tomou consciência de que errou, mas precisa de aprendizados para, numa nova encarnação, não cometer os mesmos erros.

– Por favor, ajude-me, eu nunca quis fazê-la infeliz. Usei de artimanhas para conseguir desposá-la, mas paguei um preço alto. Amei-a tanto, como nunca pensei que fosse amar alguém. Ela me trouxe a pureza, a falta de interesses materiais e a abnegação, doando sua vida em prol daqueles que lhe eram caros. Eu a fiz prisioneira... amor cego foi o meu. Podíamos ter sido tão felizes... Desculpe, não quero incomodá-lo com minhas ladainhas, agora já não importa, não soube viver bem e preciso de ajuda para ser perdoado por quem fez parte de minha triste vida.

– Não se lamente. Deu bons frutos. Desencaminhou-se, mas retornou. Tem agora compreensão de tudo. Vamos, alguém nos espera.

– Tenho sede. Posso ainda beber a água da moringa?

– Não! O que sente logo passará. Aqui, depois de um tempo, esses desejos não mais existem. Alimentamo-nos de sabedoria, compreensão, auxílio. Quanto mais auxiliamos nossos irmãos, mais forte nosso espírito fica. Agora, vamos, estão à nossa espera.

Saímos dali e o lugar não parecia o mesmo de quando cheguei. A claridade era tamanha, ofuscava minha visão.

– Ontem, quando cheguei aqui, não era esse o lugar onde a casa estava! Como mudamos de lugar se não saí da casa?

– Primeiro, não foi ontem. Passou um bom tempo adormecido e, quanto à claridade... o que vê é exatamente como se sente agora.

E lá fomos nós. Novamente, eu estava à porta daquele lugar que parecia um templo. Lembrei-me da casa da velha. Por onde se sai não se entra... como da outra vez, meu acompanhante permaneceu ao meu lado. Comecei a prestar atenção no orador e ele começou a entoar uma canção. Todos o acompanhavam, inclusive alguém ao piano.

Eu procurava quem tocava, mas não conseguia divisar quem era. Estranho... Eu tinha desencarnado e parecia que estava mais vivo do que nunca.

Ansiava por ver Bárbara, mas parecia cada vez mais difícil. Tentei prestar atenção ao que cantavam e, aos poucos, acompanhei-os. Senti-me completamente integrado e, subitamente, uma auréola de paz me cobriu quando todos levantaram e foram rumo ao orador. Desta vez, não quis ser o último, já não temia, queria aprendizado e mais compreensão dos meus feitos. Quando chegou a minha vez, pensei que me indicaria a mesma porta da vez anterior, mas ele pediu que ficasse ali, que tivesse paciência e esperasse, que logo ele ia ter comigo. Indicou-me um lugar na primeira fileira e para lá me encaminhei, mas antes procurei por todos os lados meu acompanhante, não o encontrando. Mais uma vez fui deixado só. Não! Nunca estamos sós... Mais do que aprender, agora eu sentia isso.

Assim que todos se falaram, ele veio em minha direção.

– Achou quem procurava?

– Não senhor... não estou procurando ninguém... ou melhor: quem me acompanhou até aqui me deixou. Mas tenho certeza de que por bons caminhos serei conduzido.

– Escutou a música?

– Claro, até consegui acompanhá-la. Senti uma paz me invadindo e a certeza de que conseguirei ser perdoado.

– Tem um longo caminho a percorrer. Para começar, está vendo aquela porta? Lá encontrará o início de sua meada.

Agradeci e me dirigi, lentamente, para a porta por ele apontada.

Fosse o que fosse, eu agora tinha certeza de que só bem me faria.

Assim que coloquei a mão na maçaneta dourada, escutei acordes de piano. Voltei a olhar para ele, como se perguntasse: estou na porta certa?

Ele fez sinal para que eu fosse adiante. Assim que a porta se abriu, tive uma visão inesperada. Bárbara estava tocando, rodeada de crianças.

– Entre! – disse ela mansamente.

Eu estava estático, não conseguia me mover. Ela se levantou, tomou minha mão e me conduziu até uma cadeira perto das crianças.

– Demorou para chegar – disse.

Eu, meio atrapalhado, só consegui balbuciar:

– Estava à minha espera?

– Não. Logo depois de desencarnar vim para este lugar. Cuido das crianças e levo os acordes do piano para dar alento àqueles que vêm à casa de oração.

– Se estava todo o tempo aqui, como auxiliou a velha?

– Tive licença para isso. Você precisava de ajuda e eu não podia fugir a isso.

– Eu não merecia... eu a fiz infeliz.

– Quando reencarnei, fui sabendo que depois de três filhos voltaria... só não sabia que você renegaria a criança.

– Perdoe-me. Fui insensato. Eu fiquei enlouquecido ao perdê-la.

– Você tinha três boas razões para viver. Era para dar ânimo, força no seu caminhar, mas enfraqueceu, não teve fé. Entregou-se ao vício e menosprezou seu melhor amigo. Reencarnou no seio de uma família simplória para resgatar feitos de outrora, mas não foi exatamente o que aconteceu... Contudo, graças a Deus e a uma velha bondosa, retornou. Quando estendeu a mão àquela menina, estava encaminhando quem fora sua filha perdida. Tanto ela quanto você, naquele momento, acertaram os passos. Acolheu com bondade alguém que precisava de um caminho. Deixou de lado a arrogância, o preconceito, a ganância, e proporcionou igualdade àquelas crianças. Um gesto, uma palavra, podem mudar toda uma vida. Podem elevar o espírito, apesar dos caminhos mal traçados. Suas raízes deram bons frutos. A obra que deixou dará oportunidade de uma vida melhor para muitos... estou orgulhosa de você!

– Orgulhosa de mim! Acabou de enumerar meus malfeitos.

– Aos poucos, lembrará das vidas passadas. Entenderá melhor os cuidados de seu filho para consigo. Compreenderá a simplicidade na amizade de Leon e o amor de Elisa, apesar de tê-la renegado. Quanto a mim, eu o amei de verdade, apesar da diferença de idade que havia entre nós. Terá de ir mais adiante, ajudará e será ajudado e, então, em uma nova encarnação, talvez possamos viver um amor sem conflitos.

Eu a ouvia falar e a via diferente. Aquela não era minha Bárbara... aquela mocinha chorona, que umedecia seus delicados lencinhos com tantas lágrimas. Quem estava falando era um espírito iluminado, cheio de sabedoria, que dava alento a minha alma.

– Terei de ir embora? Não posso ficar com você?

– Nossos caminhos por enquanto são diferentes... Tem uma longa estrada a trilhar. Aos poucos, limpará seu perispírito de toda a amargura de sua vivência na Terra. Tenha fé, ore. Compartilhe com todos a alegria de estar aqui.

Ouvi a porta abrir. Meu acompanhante, que havia sumido, estava ali para me buscar. Eu teria de ir. Bárbara voltou ao piano e as crianças a rodearam numa algazarra... transbordavam de alegria.

Fui caminhando para a saída que, decerto, não era a mesma que entrara. Eu caminhava com a cabeça voltada para trás, não querendo perder Bárbara de vista. Ela, completamente integrada, parecia que havia esquecido que eu estava ali. "Foi tudo um sonho", pensei. Bárbara não mais existe. De nossa vivência na Terra só ficaram nossos filhos. Tudo está acabado. Mas saber que fora amado por ela dava-me forças para, como ela, ser parte deste mundo paralelo.

Fui deixando-a para trás, seguindo meu novo caminho... De repente, senti uma brisa suave e com ela os acordes do piano. Chopin! Bárbara! Quis voltar, mas fui impedido pelo meu acompanhante.

"Não morreu! Nosso amor não foi esquecido. Deus! Como é divino!"

Então chorei. Espíritos não choram?

Senti minha face molhada gelando com a brisa. Minha amada e doce Bárbara...

Tudo faria para tê-la de novo em uma nova encarnação. Mas, desta vez, para fazê-la muito feliz, com um amor despojado de interesses e fortunas acumuladas.

Fim

Romances emocionantes do espírito Daniel!

Psicografia de Vanir Mattos Torres

Plantando o amor

Portugal, 1792. Em meio a mudanças políticas em Lisboa e ainda vivendo sob os ecos da Inquisição, uma pacata cidadezinha interiorana é o cenário da história de Leopoldo, um humilde jardineiro que possui um dom especial: o poder da palavra. Sem perceber, elas fluem de sua boca e enchem os corações com amor e renovação.

Mas seus dias estavam contados. Perseguido por suas "pregações criminosas", Leopoldo desaparece, deixando a família sob a responsabilidade do filho mais velho, Adolfo. Também jardineiro por ofício, o rapaz desdobra-se para dar o sustento necessário à mãezinha e à irmã, Amaralina.

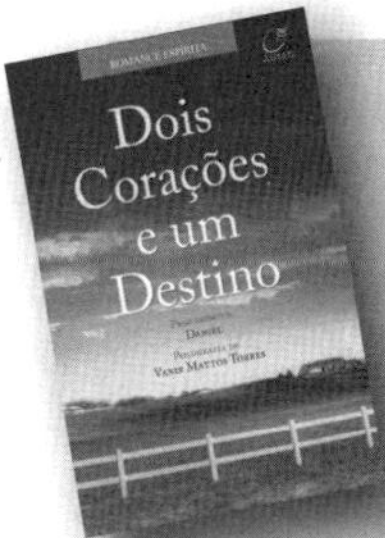

Dois Corações e um Destino

Ricardo, um estudante de Direito prestes a se formar, vai passar férias na fazenda do pai, o austero e rústico senhor Augustus. Em sua companhia leva Lídia, a namorada da cidade que vê em Ricardo uma grande oportunidade de realizar um excelente casamento. O que Ricardo não sabia é que Tereza, sua amiga de infância na fazenda, estava agora uma bela e graciosa moça, despertando nele sentimentos até então esquecidos.

Fim da Linha

Simeão e Lidiane queriam a liberdade: ele, a libertação dos escravos; ela, o fim de seu casamento com o poderoso Feliciano.

Vida, Minha Vida

O jovem Daniel chegou ao interior de Minas Gerais em busca de trabalho e lá conheceu Vida. Mas o povo dizia que ela não fazia parte daquele mundo! Contudo, ele conversava quase todos os dias com ela. Quem seria então? Emocionante e intrigante enredo com ensinamentos acerca do verdadeiro amor que nutre o coração, o sentimento maior que rompe as fronteiras da matéria.

Leia estes envolventes romances do espírito Margarida da Cunha

Psicografia de Sulamita Santos

Doce Entardecer

Paulo e Renato eram como irmãos. O primeiro, pobre, um matuto trabalhador em seu pequeno sítio. O segundo, filho do coronel Donato, rico, era um doutor formado na capital que, mais tarde, assumiria os negócios do pai na fazenda. Amigos sinceros e verdadeiros, desde jovens trocavam muitas confidências. Foi Renato o responsável por levar Paulo a seu primeiro baile, na casa do doutor Silveira. Lá, o matuto iria conhecer Elvira, bela jovem que pertencia à alta sociedade da época. A moça corresponderia aos sentimentos de Paulo, dando início a um romance quase impossível, não fosse a ajuda do arguto amigo, Renato.

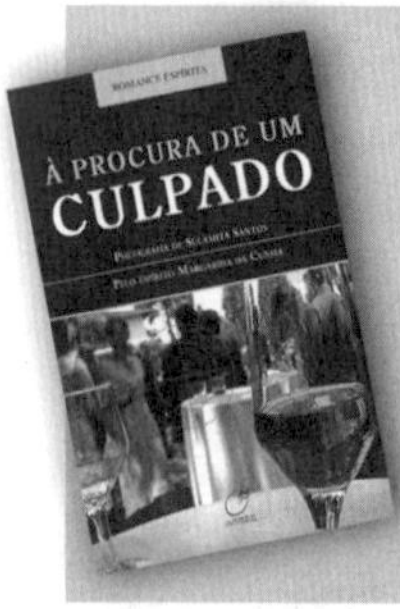

À Procura de um Culpado

Uma mansão, uma festa à beira da piscina, convidados, glamour e, de madrugada, um tiro. O empresário João Albuquerque de Lima estava morto. Quem o teria matado? Os espíritos vão ajudar a desvendar o mistério.

Desejo de Vingança

Numa pacata cidade perto de Sorocaba, no interior de São Paulo, o jovem Manoel apaixonou-se por Isabel, uma das meninas mais bonitas do município. Completamente cego de amor, Manoel, depois de muito insistir, consegue seu objetivo: casar-se com Isabel mesmo sabendo que ela não o amava.O que Manoel não sabia é que Isabel era uma mulher ardilosa, interesseira e orgulhosa. Ela já havia tentado destruir o segundo casamento do próprio pai com Naná, uma bondosa mulher, e, mais tarde, iria se envolver em um terrível caso de traição conjugal com desdobramentos inimagináveis para Manoel e os dois filhos, João Felipe e Janaína.

Laços que não se Rompem

Em idos de 1800, Jacob herda a fazenda de seu pai. Já casado com Eleonora, sonha em ter um herdeiro que possa dar continuidade a seus negócios e aos seus ideais. Margarida nasce e, já adolescente, conhece Rosalina, filha de escravos, e ambas passam a nutrir grande amizade, sem saber que são almas irmanadas pelo espírito. O amor fraternal que sentem, e que nem a morte é capaz de separar, é visível por todos. Um dia, a moça se apaixona por José, um escravo. E aí, começam suas maiores aflições.

Leia os romances de Schellida!

Emoção e ensinamento em cada página!

Psicografia de Eliana Machado Coelho

Corações sem Destino
Amor ou ilusão? Rubens, Humberto e Lívia tiveram que descobrir a resposta por intermédio de resgates sofridos, mas felizes ao final.

O Brilho da Verdade
Samara viveu meio século no Umbral passando por experiências terríveis. Esgotada, consegue elevar o pensamento a Deus e ser recolhida por abnegados benfeitores, começando uma fase de novos aprendizados na espiritualidade. Depois de muito estudo, com planos de trabalho abençoado na caridade e em obras assistenciais, Samara acredita-se preparada para reencarnar.

Um Diário no Tempo
A ditadura militar não manchou apenas a História do Brasil. Ela interferiu no destino de corações apaixonados.

Despertar para a Vida
Um acidente acontece e Márcia, uma moça bonita, inteligente e decidida, passa a ser envolvida pelo espírito Jonas, um desafeto que inicia um processo de obsessão contra ela.

O Direito de Ser Feliz
Fernando e Regina apaixonam-se. Ele, de família rica, bem posicionada. Ela, de classe média, jovem sensível e espírita. Mas o destino começa a pregar suas peças...

Sem Regras para Amar
Gilda é uma mulher rica, casada com o empresário Adalberto. Arrogante, prepotente e orgulhosa, sempre consegue o que quer graças ao poder de sua posição social. Mas a vida dá muitas voltas.

Um Motivo para Viver
O drama de Raquel começa aos nove anos, quando então passou a sofrer os assédios de Ladislau, um homem sem escrúpulos, mas dissimulado e gozando de boa reputação na cidade.

O Retorno
Uma história de amor começa em 1888, na Inglaterra. Mas é no Brasil atual que esse sentimento puro irá se concretizar para a harmonização de todos aqueles que necessitam resgatar suas dívidas.

Força para Recomeçar
Sérgio e Débora se conhecem e nasce um grande amor entre eles. Mas encarnados e obsessores desaprovam essa união.

Lições que a Vida Oferece
Rafael é um jovem engenheiro e possui dois irmãos: Caio e Jorge. Filhos do milionário Paulo, dono de uma grande construtora, e de dona Augusta, os três sofrem de um mesmo mal: a indiferença e o descaso dos pais, apesar da riqueza e da vida abastada.

Ponte das Lembranças
Ricos, felizes e desfrutando de alta posição social, duas grandes amigas, Belinda e Maria Cândida, reencontram-se e revigoram a amizade que parecia perdida no tempo.

IMPRESSO NA GRÁFICA sumago

sumago gráfica editorial ltda
rua itauna, 789 vila maria
02111-031 são paulo sp
tel e fax 11 **2955 5636**
sumago@sumago.com.br